Mori Yoshida Gâteaux

モリヨシダの菓子

著者 **吉田守秀**　　写真 **キャロリーヌ・ファッチオーリ**

企画協力 **ジュリー・マチュー**　**ミュリエル・タランディエ**　　執筆協力 **関口涼子**　　翻訳 **岡野 佳**

The **Orangepage** Inc.

MORI YOSHIDA GÂTEAUX by Mori Yoshida
©2022, Éditions du Chêne - Hachette Livre (Vanves)

www.editionsduchene.fr
Directeur général : Emmanuel Le Vallois
Éditeur : Faris Issad
Direction artistique : Sabine Houplain et Benoit Berger
Création artistique : Bureau Berger
Mise en page : Nathalie Kapagiannidi
Rédaction des recettes : Eugénie Pont
Entretiens : Ryoko Sekiguchi
Illustrations : Derudderdesign
Lecture-correction : Mireille Touret et Natacha Kotchetkova
Fabrication : Rémy Chauvière
Photogravure : Colorway
Relations presse : presse_chene@hachette-livre.fr

Japanese translation rights arranged with HACHETTE LIVRE
through Tuttle Mori Agency.

吉田君、フランスでの出版おめでとう。心から祝福いたします。

日本でパティシエのキャリアをスタートした吉田君と私は、4年間一緒に仕事をしてきました。はじめは私がシェフをしていたホテル「パークハイアット東京」。そこでは高い志を持った同年代のスタッフたちと、ときに羽目を外しながらも切磋琢磨し、果敢な日々を過ごしていました。そしてその数年後、私が独立オープンをした店「オークウッド」のオープニングスタッフとしても活躍してくれました。その後、地元に戻ってお父さんの店をリニューアルオープンさせました。初めはなかなか苦戦していたようですが、いろいろな事に挑戦し、日々努力を重ね、その結果、地域一番店の繁盛店にまで上り詰めました。そんな矢先、「フランスに行き、いずれはフランスで自分のお店をやりたいと思っています」という話を聞きました。

正直、大変驚きました。奥さんとまだ小さい子どもがいるなか、ひとりでフランスに行くというのですから、本当に大丈夫なのかと心配しました。彼は若い時から好奇心がとても強く、自分がこうしたい、こうなりたいと思ったらとにかくそのまま進む、面白い発想と行動力を持っている人です。そしてそのまま有言実行し、フランスに渡りました。フランス語もあまり話せず、日本とは生活環境が全然違うフランスでの日々は、間違いなく苦労の連続だったと思います。きっともうあきらめて日本に帰ろうと思ったこともあったでしょう。

それでも、憧れのフランスでお店を出したいという強い思いを持ち続けながら、困難に立ち向かい、乗り越え、そして「パティスリー モリヨシダ」をオープンさせました。本当にすごいことだと思います。オープンしてからも試行錯誤は続き、フランス人特有の味覚と感性がわかりはじめ、いろいろなことに挑戦し続け、その先に今のパティスリーモリヨシダがあると思います。そんななか、フランスでパティシエとして認められ、そして本を出版するまでに上り詰めたこと。若い時から持っていた好奇心と行動力、そしていろいろな人から愛される人柄が今の吉田君を作りあげたのだと思います。

日本のパティシエ業界を振り返ってみると、ここ半世紀に渡って、フランスの偉大なる食文化に憧れを持ち、少しでもフランスに追いつきたいという思いを持ったたくさんの日本のパティシエたちがいました。完成されたフランスのパティシエの技術、知識、感性を習得するために努力を積み重ね、その結果、今の日本の洋菓子業界の発展につながったのだと思います。

そのフランスで日本人として活躍する吉田君の姿は、とても力強く、魅力的で、優雅にも見えてきます。そしてこの本の中に詰まっているのは、彼がフランスで学び、感じたフランス菓子。きっとその中には日本人としての彼の感性が見え隠れしていると思います。
パティシエとしてここまで上り詰めた今なお、彼にとってはまだまだ通過点。間違いなく吉田君の挑戦は続くと思います。さらなる活躍を期待しています。

横田秀夫

Mori Yoshida

PHOTOGRAPHIES
DE CAROLINE FACCIOLI

Gâteaux

AVEC LA COLLABORATION
DE RYOKO SEKIGUCHI

モリヨシダの菓子

D'APRÈS UNE IDÉE ORIGINALE DE JULIE MATHIEU
ET MURIEL TALLANDIER

出版に寄せて

パティシエにとって一冊の本を書き上げるという経験は、これまでの仕事を形にする、いわば人生のターニングポイントです。己が培ってきた知識や技術を言葉にして伝えること、図やレシピにまとめることは、それくらい重要な仕事です。この長い時間をかけて思い描き、完成させてきたものを伝えるなかには、磨きあげた技、ゆるがない質、さらに先へ進もうとする意志がおのずと現れてきます。

モリ・ヨシダは優れたセンスをもちながら、その才能をまったく鼻にかけない謙虚な人物です。彼に初めて会ったのは、2018年に行われた「ル・メイユール・パティシエ〜レ・プロフェショネル」の番組撮影でした。その大会で優勝し、翌2019年も王者として勝利をおさめます。私はすぐに、彼の高い技術と、作りあげた菓子の味に大変な衝撃を受けました。信じられないほど軽やかで、調和のとれたエレガントな味わい。さらに、コンテストを通して、そこにいるみんなを感心させるほどの落ち着きを見せていたことも印象的でした。自身でもよく説明しているとおり、彼の作品はフランスの伝統的な菓子に独創的なアレンジを加えながら、細部まで緻密に作りあげられています。

なんと驚嘆すべき才能の持ち主なのか。モリの菓子を口にすれば、ていねいな仕事と卓越した技術をわかっていただけるでしょう。彼はフランスの優秀なパティシエたちが軒を連ねるパリに自分の店を出し、確固たる地位を築き上げている数少ない日本人パティシエの一人でもあります。

モリにとって、フランス各地の文化と風土は絶え間なくインスピレーションを与えてくれる源泉です。本書のページをめくるたび、そのレシピを再現するためのアドバイスや技法を惜しみなく教えてくれます。エクレア、パリブレスト、サントノレからケーク・ドゥ・ヴォワイヤージュまで、どの作品を見ても、モリならではの独創性があり、絶え間ない探究から生みだされた、精緻な技と豊かな味わいが感じられることでしょう。

フランスの菓子文化をより豊穣なものにする一冊に序文を添えられる栄誉にあずかった感謝とともに、この見事なモリ・ヨシダ流フランス菓子の本の誕生にお祝いを申し上げます。

ピエール・エルメ

はじめに

渡仏のきっかけでもありましたが、私は昔からフランスの菓子文化に関心や憧れをもっていました。そのフランスで、ひとりのパティシエとして評価していただいていることを、誇らしく思います。そしてそれは、これまでこの地に渡った料理人を含む日本人シェフたちが、しっかりと美味しいものを創り、現地の人たちの信頼を勝ち取ってきたという土俵があるからこそです。

ときおり、今日のパティシエは2つのタイプ──菓子を考案する「クリエイター」と菓子を作る「職人」に分かれていると感じることがあります。私の場合は、まず、食べものを作っているということを念頭に、菓子の見た目からではなく、その味を追求することによりおのずとおいしいフォルムになるという信念のもと、この仕事と向き合っています。

菓子作りは、毎日、仕事場で一緒に働きながら教えるものと思っています。ともに作りながら、最高品質の菓子を提供するという意識も共有できます。この意識は、私が菓子を創作する土台になっています。菓子とは自分自身を映し出す鏡です。真摯に、真剣に、誠実に向き合えば、オーブンから出したとき、菓子は真心がこもった味になっています。逆に、手を抜いて横着な方法を取ったりすると、菓子は薄っぺらな味に焼き上がるのです。

渡仏前、日本のフランス菓子の店で見かけていたり、専門書よりそのレシピを学んでいたりした、例えばポン・ヌフやコンヴェルサシオンのような伝統的なフランス菓子が、いざパリのパティスリーを巡ってみると、なかなか見つからないことに驚きました。それどころか、フランス人には好まれないと思っていた食感や風味が、新たなブームとして受け入れられていたりするのです。やはり、その地で生活してみて初めて、1つの文化における時間の流れや移り変わりを知ることができるのだと、改めて実感しました。その一方で、クロワッサンやカヌレ、サントノレなど、今も昔もフランス菓子に欠かせないレシピは確かに存在します。

私が日本出身のパティシエでありながら、フランスの伝統的な菓子に新たな視点で挑戦できているとすれば、おそらく、客観的に眺められているからだと思います。子どものころ、イースターエッグを探したり、ガレット・デ・ロワのフェーヴで遊んだりしていなかったから……。もっと正確に言うならば、慣れ親しんだレシピに頼らないから、でしょうか。私は白紙から出発します。菓子作りの1つひとつの工程で、なぜこれが必要なのかを問い、自分の頭で考えます。ここで大切なのは、《おいしさにたどり着く道》を論理的に探究していくことです。

本書では、私の現時点での最高のレシピを、1日の時間に沿って書き出しています。私と一緒に、おいしい菓子の道を歩んでみましょう。

吉田守秀

Sommaire

Matin

016
フラン ヴァニーユ

018
パン オ ショコラ

020
クロワッサン

022
ブリオッシュ ナンテール

024
ブリオッシュ フイユテ

026
コンフィチュール ダグリュム

028
ショソン ア ラ バナーヌ

032
バナナ ブレッド

034
マドレーヌ

036
クレーム キャラメル ジャポネーズ

11:00

040
タルト オ ネクタリン

042
ヴェルティージュ

044
タルト オ ザブリコ

048
パリブレスト オ セザム ノワール

050
パブロヴァ エグゾティック

052
シシリア

056
ミルクレープ

058
タルト ア ラ リュバーブ

060
フレジエ ジャポネ

Midi

066
タルト トロペジエンヌ

068
ポロネーズ オ カシス

072
ミルフイユ ノワゼット

074
ババ ミステリュー

076
クレーム ブリュレ ア ラ バナーヌ

078
ガレット デ ロワ オ シトロン

080
タタン ドール

本書の注意

●一部の材料や道具には、その菓子に近づける参考としてメーカー名や製品名を記載しています。

●材料や型の中には日本で手に入りにくいものもあります。

●フランスと日本の食材の違いや気候の違いで、でき上がりに差が生じることがあります。

●調理時間は目安です。状態の変化を見て、適宜調整してください。

●オーブンの温度や焼成時間は目安です。オーブンの機種や特性に応じて適宜調整してください。

●ミキサーの速度や攪拌時間は目安です。状態に応じて適宜調整してください。

●オーブンから容器や菓子を取り出す際は、やけどに十分注意してください。

●小麦粉などの粉類は、基本的に使う前にふるいます。

●本書は2022年にフランスで出版された『Gâteaux - Mori Yoshida』の日本語翻訳版です。翻訳に際し、一部表現を変更している箇所があります。

14:00

084
チーズケーキ

086
トンベ ダン レ ポム

090
サブレ ア ラ ノワ ドゥ ココ

092
ルーレ オ フリュイ

096
ケーク オ シトロン

098
サントノレ ピスターシュ フランボワーズ

102
ソリエス

106
ケーク アマンド エラーブル

108
アンタレス

16:00

114
サブレ ドゥ ブルトゥイユ

116
タルト オ シトロン

120
フィナンシェ オ ノワゼット

122
パリブレスト オ シトロン

126
エクレール オ カフェ エ オ ショコラ

128
タルト フロランティーヌ

132
ラ タルト オ ショコラ

134
ブラウニー

136
マカロン カカオ

Soir

140
モンブラン

146
ベージュ

150
M

154
ヴァニリエ

158
カヌレ

160
ススシュ ドゥ ノエル

164
アムリッシム

—

基本のレシピ

170
クレーム パティシエール

171
パータ シュー

172
フイユタージュ アンヴェルセ

176
パート シュクレ
パート シュクレ オ ショコラ

177
クレーム ダマンド

178
パート フィロの折り込み

180
チョコレートのテンパリング

64 boulevard Haussmann, Paris IXe - 08h10

CHAP. 1

Matin

P. 016 フラン ヴァニーユ　　P. 018 パン オ ショコラ　　P. 020 クロワッサン　　P. 022 ブリオッシュ ナンテール
P. 024 ブリオッシュ フイユテ　　P. 026 コンフィチュール ダグリュム　　P. 028 ショソン ア ラ バナーヌ
P. 032 バナナ ブレッド　　P. 034 マドレーヌ　　P. 036 クレーム キャラメル ジャポネーズ

MATIN

Flan vanille
フラン ヴァニーユ

シンプルな菓子ほど、レシピの工程一つひとつのできが仕上がりの形と味にそのまま現れてくるので、じつは作るのが難しい。だからこそ、私はたとえ100個のフランを用意するとしても、すべて完璧なものにしたいと思っています。これは工場から出荷される製品のような《画一的な》品質で100個を作るということではありません。1個ずつ真剣に目の前の菓子と向き合い、作り上げていく姿勢を大切にしているのです。

うれしいことに、たくさんのお客さまがこのフランを気に入って、朝から買いに来てくれます。余分なものがないシンプルなおいしさは、すてきな一日の始まりにぴったりですよ。

分量（セルクル1台分）

必要な道具
抜き型（直径30cm）… 1個
セルクル（直径20×高さ6cm）… 1個

パート・ブリゼ
バター…150g
小麦粉 T55（ミノトリー・ヴィロン「ラ・トラディション・フランセーズ」）…300g
グラニュー糖…12g
塩…4.8g
卵黄…24g
冷水…60g

アパレイユ・ア・フラン
A 牛乳…726g
A 乳脂肪分35%生クリーム…181g
バニラビーンズ…1/2本
グラニュー糖…182g
コーンスターチ…73g
卵黄…156g
卵白…36g
B 牛乳…73g
B 乳脂肪分35%生クリーム…73g

パート・ブリゼ（前日に準備）

01. 冷蔵庫から出したバターを5mm角に切る。バターと小麦粉、グラニュー糖、塩をサブラージュする。

02. 卵黄と冷水を加え、生地が均一になるまでよくこねる。冷蔵庫でひと晩休ませる。

03. 翌日、生地を厚さ5mmに麺棒でのばす。抜き型で直径30cmの円形に抜き、セルクルに敷き込む。フォークで全体的にピケする。冷蔵庫で少なくとも1時間は冷やし固める。

04. 厚さを均一に仕上げるため、03の生地の上にオーブンシートを敷き、タルトストーンを偏らないように置く。170℃に予熱したオーブンで30分焼く。

05. オーブンからセルクルを取り出し、縁からはみ出した生地をナイフでカットして形を整える。オーブンミトンをつけて、タルトストーンを取り除いたら、さらに20分焼く。

アパレイユ・ア・フラン

01. 鍋にAの牛乳と生クリーム、こそげ取ったバニラビーンズの種を入れて沸騰させる。ボウルに卵黄と卵白を入れ、あらかじめ混ぜ合わせておいたグラニュー糖とコーンスターチを加え、均一になるまでよく混ぜる。

02. ボウルに、鍋で温めたAの1/3量を加えて、勢いよく混ぜる。鍋に戻し入れ、強火で78℃になるまで加熱する。火を止め、Bの牛乳と生クリームを加えて混ぜ合わせる。シノワでこしてから、パート・ブリゼに流し込む。

焼成

01. 170℃に予熱したオーブンで20〜25分焼く。取り出して型のまま3時間ほど冷ます（焼きあがってすぐに型から外さないようにする）。

NOTE

《フランの本質》とは何か。私は幾度となく考えてきました。そして、その本質は、アパレイユとパート・ブリゼの食感のバランスにあるという結論にたどりつきました。このレシピでは、一般的なフランよりもパート・ブリゼに厚みをもたせています。さらに生地のから焼きをしておき、さっくりとした食感と固さを長く保てるようにしています。工程が1ステップ増えるものの、味に大きな違いをもたらすひと手間です。また、深さを6cmとることで、アパレイユの量を増やせるようにしました。牛乳だけでなく生クリームも加え、なめらかで粘度のあるアパレイユに仕上げているので、よりはっきりとした食感のコントラストを楽しむことができます。

MATIN

Pains au chocolat
パン オ ショコラ

フランスに来てから毎日のようにパン・オ・ショコラを食べていました。クロワッサンの材料にチョコレートという存在が加わるだけで、こんなにも違う食感になるのか──。すっかり心を奪われ、私はこの定番のヴィエノワズリーを自分なりの解釈で作ってみたいと思いました。

今では、このパン・オ・ショコラを朝食にしようと近隣の人たちが来店してくれるまでになりました。これが目当ての常連さんも少なくなく、パリの名店を知りつくしているタクシードライバーの方々も、お店があるブルトゥイユ通りで休憩を取るときに寄ってくれます。こんなふうに幅広いお客様がいつも同じものを買いに来てくださるのを目にすると、たまらなくうれしくなります。飽きのこない味を作れたというまぎれもない証ですから。

分量（12個分）

パータ・クロワッサン

生イースト…22g
牛乳…155g
水…155g
小麦粉 T45（薄力粉）…350g
小麦粉 T55（ミノトリー・ヴィロン「ラ・トラディション・フランセーズ」）…350g
グラニュー糖…98g
塩…14g
転化糖…70g
折り込み用バター…233g

具材

バトンショコラ…24本

ドリュール

卵黄…50g
乳脂肪分35％生クリーム…5g

パータ・クロワッサン（前日に準備）

01. ボウルに冷蔵庫で冷やしておいた牛乳と水を入れ、生イーストを溶かし、酵母液を作る。ミキサーボウルに粉類、グラニュー糖、塩、転化糖を入れてから、先に作った酵母液を加える。スタンドミキサーにフックを取りつけ、低速で15分こねる。生地の温度が26℃になったらでき上がり。生地を丸くまとめ、油を薄く塗った別のボウルに移す。室温で3時間おき、一次発酵させる。

02. 打ち粉をした作業台に生地を取り出し、手で押しつぶすようにしてガスを抜く。ガスが抜けたら、生地を再び丸くまとめ、ポリ袋に入れて封をする。冷蔵庫でひと晩寝かせ、二次発酵させる。

折り込み

01. よく冷やした折り込み用バターを麺棒でトントンとたたいて柔らかくして、一辺20cmの正方形になるまでのばす。

02. 前日に準備した生地を、打ち粉をした作業台に置く。手で押しながらガスをしっかり抜き、麺棒で一辺25cmの正方形にのばして整える。その上に折り込み用バターを45度回転させて置き、バターの角が生地の各辺に接するようにする。生地の四隅からバターを包むように折り、生地とバターの接点をしっかり留める。

03. 生地を麺棒でのばして、35×25cmの長方形に整える。生地を《ポルトフォイユ型》に三つ折りする。まず短辺を中央まで折り、次に反対の短辺も中央まで折る。生地を冷凍庫で1時間休ませる。

04. 麺棒で生地を35×25cmの長方形にのばし、もう一度03の手順で折る。生地を冷凍庫に入れ、1時間おく。生地を取り出して、麺棒でトントンと押して柔らかくする。もう一度、03の手順をくり返し、生地を冷凍庫で1時間30分休ませる。生地はその都度、省略せずに休ませること。

成型と焼成

01. 生地をのばし、厚さを5〜6mm、大きさは26×48cm以上を目安にして四角形に整える。12枚の長方形（13×8cm／各約90g）に切り分け、生地の両端から2cmのところにバトンショコラを2本ずつ置く。2本のバトンショコラを巻き込むように、手前から生地を丸めていく。バターを塗っておいた天板に、巻いた生地を並べる。予熱していないオーブンに入れて扉を閉じたら、3〜4時間ほどおいて発酵させる。水を入れたボウルを一緒に置いておき、庫内の湿度を保ち、発酵を促進させるとよい。

02. 水の入ったボウルと天板を取り出し、170℃にオーブンを予熱する。卵黄と生クリームを混ぜ合わせてドリュールを作り、ハケで生地に塗り、オーブンで16分焼く。

Croissants
クロワッサン

フランスに渡ってから日を追うごとに私の発酵に対する情熱は高まっていきました。それはラ・パティスリー・デ・レーヴで働いていたころ、クイニーアマンの生地が発酵していく様子を観察したくて家に持って帰ろうとしたこともあったほど。このときは大目玉をくらいましたが、発酵過程を熱心に観察した甲斐もあり、複雑な発酵について理解を深めることができました。小麦粉や酵母の種類はもちろん、湿度や室温による影響も。

大切なのは発酵時間や水の量をいつでも調節できるように見守ること。この注意深い観察が成功への鍵なのですが、言うは易く、行うは難し。クロワッサンの生地を作りはじめて20年になりますが、最近になってようやく少しは奥深い世界を見渡せるようになってきた気がします。

分量（16個分）

パータ・クロワッサン
生イースト…22g
牛乳…155g
水…155g
小麦粉 T45（薄力粉）…350g
小麦粉 T55（ミノトリー・ヴィロン「ラ・トラディション・フランセーズ」）…350g
グラニュー糖…98g
塩…14g
転化糖…70g
折り込み用バター…233g

ドリュール
卵黄…60g
乳脂肪分35%生クリーム…6g

パータ・クロワッサン（前日に準備）

01. ボウルに冷蔵庫で冷やしておいた牛乳と水を入れ、生イーストを溶かす。ミキサーボウルに粉類、グラニュー糖、塩、転化糖を入れてから、先に作った酵母液を加える。スタンドミキサーにフックを取りつけ、低速で15分こねる。生地の温度が26℃になったらできあがり。生地を丸くまとめていき、油を薄く塗った別のボウルに移す。室温で3時間おき、一次発酵させる。

02. あらかじめ打ち粉をした作業台に生地を取り出し、手で押しつぶすようにしてガスを抜く。ガスが抜けきったら、生地を再び丸くまとめ、ポリ袋に入れて封をする。冷蔵庫でひと晩寝かせ、二次発酵させる。

折り込み

01. よく冷やした折り込み用のバターシートを麺棒でトントンとたたいて柔らかくして、一辺20cmの正方形になるまでのばす。

02. 前日に準備した生地を、打ち粉をした作業台に置く。手で押しながらガスをしっかり抜き、麺棒で一辺25cmの正方形にのばして整える。その上に折り込み用バターを45度回転させて置き、バターの角が生地の各辺に接するようにする。生地の四隅からバターを包むように折り、生地とバターの接点をしっかり留める。

03. 生地を麺棒でのばして、35×25cmの長方形に整える。生地を《ポルトフォイユ型》に三つ折りする。まず短辺を中央まで折り、次に反対の短辺も中央まで折る。生地を冷凍庫で1時間休ませる。

04. 麺棒で生地を35×25cmの長方形にのばし、もう一度03の手順で折る。生地を冷凍庫に入れ、1時間おく。生地を取り出して、麺棒でトントンと押して柔らかくする。もう一度、03の手順をくり返し、生地を冷凍庫で1時間30分休ませる。生地はその都度、省略せずに休ませること。

成形と焼成

01. 生地を麺棒でのばして、厚さを5mm、大きさを40×44cmの長方形に整える。短辺で半分にカットして20×44cmの生地を2枚作り、重ねる。以下の図のようにジグザグに包丁の刃を入れ、8切れの二等辺三角形（底辺11×高さ20cm／各約90g）に切り分ける（両端は余る、下図参照）。計16枚できる。生地を三日月形になるように底辺の方からくるくると巻いていく。バターを塗った天板に、生地の三角の先端を下面にして並べる。予熱していないオーブンに入れて扉を閉じたら、3〜4時間ほどおいて発酵させる。水を入れたボウルを一緒に置いておき、周囲の湿度を保ち、発酵を促進させるとよい。

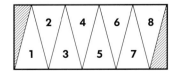

02. 水の入ったボウルと天板を取り出し、170℃にオーブンを予熱する。その間に卵黄と生クリームを混ぜ合わせてドリュールを作り、ハケで生地に塗る。オーブンで16分焼く。

MATIN

Brioche Nanterre
ブリオッシュ ナンテール

パータ・ブリオッシュは、ガレット・デ・ロワやパン・ペルデュをはじめとして、たくさんのフランス菓子で使われています。私がこの生地を極めたいと思ったのも、多様な可能性を秘め、フランス人の日々の生活で重要な位置を占めているからでした。

お店に買いに来てくれる人たちをながめるうちに、どうやらブリオッシュ好きとクロワッサン好きは必ずしも重ならないことがわかってきました。フランスで働くようになってから、日々、ブリオッシュはこんなふうに食べられているのかと、発見の連続です。

分量（3斤分）

必要な道具
パウンドケーキ型（16×8×高さ7cm）…3個

パータ・ブリオッシュ
小麦粉T55（ミノトリー・ヴィロン「ラ・トラディション・フランセーズ」）…363g
グラニュー糖…40g
塩…8g
生イースト…14g
牛乳…36g
全卵…181g
卵黄…36g
バター…180g

ドリュール
卵黄…30g
乳脂肪分35%生クリーム…3g

パータ・ブリオッシュ（前日に準備）

01. スタンドミキサーにフックを取りつける。小麦粉、グラニュー糖、塩をミキサーボウルに入れ、冷蔵庫で冷やしておいた牛乳で生イーストを溶かし、ボウルに加える。全卵と卵黄を混ぜ、1/3量をボウルに注ぎ、中速でグルテンが形成されてくるまでこねる。グルテンが形成されたかは、生地をやさしくのばしたとき、薄い半透明の膜ができるかどうかで確認できる。まだグルテン膜が見られない場合はさらにこねる。

02. 中速のまま、残りの卵液も少しずつボウルに加えていく。生地がなめらかになり、ボウルの側面からはがれる状態になるまでこね続ける。室温で柔らかくしたバターを3回に分けてボウルに加えていく。

03. バターが均一になじんだら、生地を丸めて、別のボウルに移す。ラップで覆い、冷蔵庫で1時間おいて一次発酵させる。

04. 生地を取り出し、薄く打ち粉をしておいた作業台に置いたら手で押して、ガスを抜く。しっかりとガス抜きができたら、丸めてポリ袋に入れて密封し、冷蔵庫でひと晩寝かせて二次発酵させる。

焼成

01. 前日に準備した生地を取り出す。打ち粉をした作業台に生地を置き、手で押しながらガスを抜く。生地を70gずつ12分割し、それぞれボール状に丸めていく。型にバターを塗り、生地を4個ずつ並べて入れる。

02. 湿らせたふきんで型を覆い、28℃程度の温かい場所に2時間30分〜3時間おいて三次発酵させる。生地がふくらんでくるので、目を離さないようにし、ふきんに触れそうになったらすぐに取り除く。

03. オーブンを170℃に予熱する。ボウルで卵黄と生クリームを混ぜ合わせてドリュールを作り、ハケで生地の上部に塗ったら、上からキッチンバサミで切り込みを入れる。オーブンで20分焼き、取り出す。

04. 清潔なふきんを敷いた台の上で型をトントンとたたき、ブリオッシュを型から外す。ケーキクーラーに置き、粗熱が取れるまで冷ます。

NOTE

このレシピは卵とバターをふんだんに使って、ふんわりと空気を含んだような生地に仕上がるようにしています。生地の発酵のできは卵の品質にも大きく左右されます。同じ生産者の卵でも季節が変われば、生地の食感や風味に違いがでてきます。特にフランスでは、卵の質から夏の訪れを知れるほど。ここに生地作りの難しさのひとつがありますが、やはり季節の移り変わりを肌で感じられるのは楽しいものですね。

MATIN

Brioche feuilletée
ブリオッシュ フイユテ

初めてこれを食べたのはフランスに渡り、ギィ・サヴォワのレストランでインターンシップをしていたときです。高級フレンチのコースにブリオッシュ・フイユテをだすという彼のアイデアを目にして、私は好奇心をかきたてられました。ブリオッシュ生地をこんなふうに昇華させることができるなんて、と。

私自身はギィ・サヴォワの店や、ラ・パティスリー・デ・レーヴで働いていたものの、ブリオッシュ・フイユテを作った経験がなかったので、まずは小麦粉とバターのベストな割合を見つけるところからスタートしました。しかし、試作を重ねるなかで、ブリオッシュ・ナンテールと同じ生地で作ってみたらうまくいくのではないかと、ひらめいたのです。

分量（3斤分）

必要な道具
パウンドケーキ型（16×8×高さ7cm）…3個

パータ・ブリオッシュ
小麦粉T55（ミノトリー・ヴィロン「ラ・トラディション・フランセーズ」）…363g
グラニュー糖…40g
塩…8g
生イースト…14g
牛乳…36g
全卵…181g
卵黄…36g
バター…180g

ブリオッシュ・フイユテ
パータ・ブリオッシュ…670g
折り込み用バター…200g

パータ・ブリオッシュ（前日に準備）

01. P.22の「パータ・ブリオッシュ」の作り方を参照。

ブリオッシュ・フイユテ

01. 打ち粉をした作業台に、仕込んだブリオッシュの生地を取り出し、20cm四方の正方形に整える。次に、よく冷やしておいた折り込み用バターを麺棒でトントンとたたきながらのばしていき、一辺15cmの正方形にする。

02. 正方形の生地の上に45度回転させてバターを置き、四隅が生地の各辺に接するようにする。生地の四隅からバターを包むように生地を折っていく。生地とバターの接点はきちんと留める。

03. 生地を麺棒でのばして、45×25cmの長方形に整える。生地を《ポルトフォイユ型》に三つ折りする。まず短辺を中央まで折り、次に反対の短辺も中央まで折る。生地を冷凍庫で30分休ませる。

04. 麺棒で生地を45×25cmの長方形にのばし、もう一度03の手順で折る。生地を冷凍庫に入れて30分おく。生地を取り出し、麺棒でトントンと押して柔らかくする。もう一度03の手順で生地をのばして折る。冷凍庫に入れ、30分おく。

05. 生地を取り出したら、麺棒で厚さ5～6mm、40×25cmの長方形に整える。生地をくるくると巻き、30分冷凍庫に入れる。取り出して生地の両端を切り落としたら、12等分（約65g、幅約3.5cmずつ）に切り分ける。

焼成

01. 型にバターを塗り、生地を4切れずつ、カットした断面が上になるように並べて置く。湿らせたふきんで型を覆い、28℃程度の暖かい場所で2時間30分～3時間おいて三次発酵させる。生地がふくらんでくるので、目を離さないこと。型の2/3の高さまでふくらんできたら、すぐに引き上げる。

02. 170℃に予熱したオーブンに型を入れる。ふくらみ過ぎないように耐熱プレートなどを型の上部に置いてから、25分焼く。フタをしっかりしておかないと、生地がふくらみすぎて内部に空洞ができてしまう。均一な食感の焼きあがりにするためにも忘れないように注意を。

03. 清潔なふきんを敷いた台の上で型をトントンとたたいて、ブリオッシュを型から外す。ケーキクーラーに置き、粗熱がとれるまで冷ます。

Confiture d'agrumes
コンフィチュール ダグリュム

柑橘系のフルーツは日本でも慣れ親しんだ食材でした。それにもかかわらず、フランスのコルシカ島で栽培されている品種の多さには驚かされました。信じられないほど豊かな色彩の柑橘類がそこにはあったのです。私はこの柑橘類のパレットで、いろいろな調理方法を試してきましたが、正解はひとつではないと思っています。どんな菓子にもいかせ、可能性は無限大ですから、柑橘類のパレットと絵筆を取り、自分なりの味を生み出してみてください。

このコンフィチュールでは、いくつものフルーツを混ぜ合わせながら、私の思い描いた柑橘類のイメージを伝えるという一点を目指しています。ただ、どれも旬が同じ時期というわけではないので、そう簡単な話ではないのですが。

分量（ビン5個分）
必要な道具
耐熱ガラスビン（容量300ml）…5個

コンフィチュール
オレンジ…400g（2個）
グレープフルーツ…380g（1個）
レモン…120g（1個）
ライム…120g（1個）
水…1.5ℓ
カソナード…820g
オレンジ果汁…400g
グラニュー糖…15g
NHペクチン…3g

フルーツの下準備
01. 果物の皮についているワックスを湯でよく洗う。オレンジの上端と下端を切り落とす。2個のオレンジを8等分のくし形切りにしたら、中央の白いワタを取り除いておく。次に房を寝かせて厚さ5mmほどにスライスする。

02. グレープフルーツの皮をピーラーでむく。皮は5mm幅の細切りする。包丁を使って、実と皮の間についているワタを除いていく。8等分のくし形切りにしたら、房を厚さ1cmほどにスライスする。

03. レモンとライムの上端と下端を切り落とし、8等分のくし形切りにする。それぞれ皮をむき、皮は5mm幅の細切りにする。実は厚さ1cmほどに切っておく。

調理
01. 鍋に分量の水を沸騰させ、グレープフルーツ、レモン、ライムの皮を入れる。煮立ったら、10分中火にかけて苦味を取り除き、シノワでこす。ボウルにゆでた皮と柑橘の実を入れ、カソナードを加えて、混ぜる。室温で3時間おく。

02. 01を鍋に移して、オレンジ果汁を加えたら、火にかける。ふつふつとしてきたら、火を止める。室温において粗熱を取ったら、冷蔵庫でひと晩休ませる。

03. 翌日、再び火にかける。加熱し始めるとアクが浮いてくるので、必ずすくい取る。糖度計を使って測り、55°Bに達したところで、あらかじめ混ぜておいたグラニュー糖とペクチンを加える。混ぜながら中火に1分ほどかけ、とろみをつける。もし糖度計が手元にない場合には、10分沸騰させる。

ビン詰め
01. 小さいレードルを使ってビンに注ぐ。縁までなみなみと入れたら、密閉できるフタをする。深い鍋の中にビンを逆さまにして置く。ビンが2/3浸かる程度まで水を入れて火にかける。沸騰したら弱火にしてさらに10分加熱する。この熱処理を行うことで殺菌され、長期間保存できる。

02. ビンを湯から引き上げ、流水でやさしく洗う。

NOTE
このレシピの狙いは、フルーツに丸ごとかじりついたような瑞々しさを体験してもらうこと。そのために、砂糖の量を抑え、皮を大きめに残しています。下準備の段階でグレープフルーツの皮の苦味を十分に取り除いてください。

MATIN

Chaussons à la banane
ショソン ア ラ バナーヌ

湿気が多い日本ではフイユテ生地がどうしても柔らかくなってしまうため、おいしいショソン・オ・ポムになかなかめぐり会えません。フランスではサクサクした食感が楽しいですが、私にとってはコンポートがちょっと甘いという印象です。私がはじめて本当の意味で虜になったショソンを見つけたのは、パリのある店でのこと。味と食感のバランスが完璧でした。その後、別のお店でレモンやカシスを使ったショソンを見かけたとき、いいアイデアが浮かんできたのです。

私なりのショソンを作りたかったこともあり、バナナを使ったレシピを考案しました。フランスでショソンといえば、りんごが多く、高級パティスリーの世界においてもバナナは敬遠されがちな食材でしたので、バナナの魅力をこのショソンで紹介してみたいと思ったのです。お店で出したところ、意外なことに、あっという間にバナナ・ブレッドよりもこちらのほうが人気になりました。

分量（8個分）

必要な道具
抜き型（直径15cm）…1個

フイユタージュ・アンヴェルセ…600g（P.172参照）

バナナのコンポート
グラニュー糖…37g
バター…23g
バナナ（熟したもの）…370g（皮は除く）
オレンジの皮のすりおろし…適量

仕上げ
卵白…適量
カソナード…適量

バナナのコンポート

01. 鍋にグラニュー糖を入れて火にかけ、キャラメルを作る。キャラメル全体に細かい泡が立ち、あめ色になってきたら、バターを加えてキャラメル化を止めて、均一になるまでよく混ぜる。

02. バナナは3cm幅の輪切りにする。01の鍋に加え、中火で煮詰める。さらにとろ火で5分ほど混ぜながら煮る。ふつふつと沸き、とろみがついたら火を止める。

03. 火を止め、オレンジの皮のすりおろしを加える。ボウルに移し、冷めたら絞り袋に入れる。

組み立てと仕上げ

P.030の「Pas à pas」を参照。

NOTE
この本のレシピで使うバナナは、皮に黒い斑点がある完熟したものを選んでください。これらの斑点は糖分からできてくるもので、熟れ具合の目印になります。バナナは甘く、繊維質が少ないものほど、よりとろりとしたコンポートになります。そこにオレンジの皮とキャラメルが加わり、バナナのコンポートがより引き立ちます。生地をのばしたパート・フイユテは、特に焼成によって生地が中心方向に収縮する性質があります。私はこの反応を利用して焼きあがったショソンの形が、バナナに見えるように作っています。組み立ては生地をのばした方向を守りながら進めてください。

Pas à pas

ショソン ア ラ バナーヌの組み立て

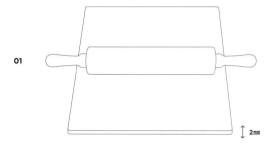

01 生地を厚さ2mmにのばしていく。

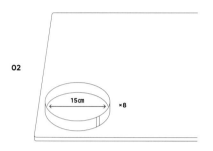

02 直径15cmの抜き型で8枚の生地を抜く。生地をのばした方向を変えないように注意。ずらしてしまうと、焼き上がりがバナナの形にならないので注意。

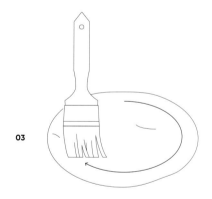

03 生地の縁にハケで卵白を薄く塗る。

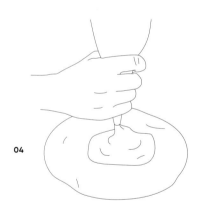

04 中心にバナナのコンポートを50g絞る。

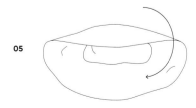

05 空気を入れないように注意しつつ、生地を半分に折る。

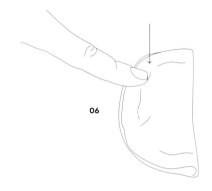

生地の縁を指で押して接着する。

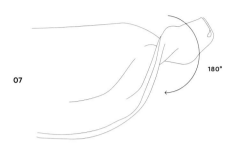

ショソンの角にあたる部分をつまみ、ねじって180度回転させる。
冷蔵庫で3時間休ませる。

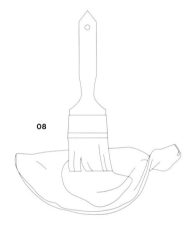

表面全体にハケで水を薄く塗っていく。

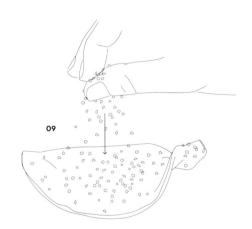

カソナードをムラなくふる。

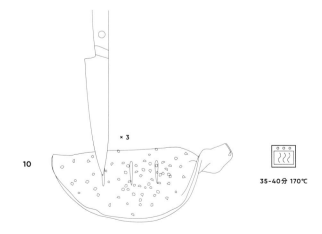

包丁で上面に3本切り込みを入れる。
170℃に予熱したオーブンで35〜40分焼く。
取り出したら冷ます。

MATIN

Banana bread
バナナ ブレッド

パークハイアット東京で働いていたころ、バナナのいろんな菓子を作っていましたが、とりわけバナナ・ブレッドは記憶に残っています。ほんのり甘くてしっとりした食感のうえ、栄養価も高く、腹持ちもいいので朝食にうってつけです。私はバナナの風味をいっそう引き立てるために、伝統的なレシピよりも多くのバナナを入れるように工夫しています。

分量（パウンドケーキ型3個分）

必要な道具

パウンドケーキ型（16×8×高さ7cm）…3個

バナナブレッドのアパレイユ

バター…75g
カソナード…130g
塩…3g
全卵…160g
重曹…6g
小麦粉 T45（薄力粉）…130g
小麦粉 T55（ミノトリー・ヴィロン「ラ・トラディション・フランセーズ」）…130g
はちみつ…65g
バナナ（熟したもの）…510g（皮を除く）
クルミ…65g

バナナ・ブレッドのアパレイユ

01. オーブンを180℃に予熱する。

02. ボウルに常温で柔らかくしておいたバター、カソナード、塩を入れて混ぜ合わせる。全卵を2回に分けて加え、その都度しっかりと混ぜる。

03. 別のボウルで重曹とあらかじめふるっておいた粉類を混ぜ合わせたら、02のボウルに加えてよく混ぜる。

04. さらにボウルにはちみつとバナナを加え、手でバナナを揉みつぶすようにして生地に混ぜ込む。最後にクルミを加え、ムラができないように全体を混ぜ合わせる。

05. 型にオーブンシートを敷き込み、生地を型に350～400gずつ流し込む。

06. オーブンに入れて、180℃で40分焼く。

07. オーブンから出して15分ほど冷ましたあとに、オーブンシートごと型から取り出す。このとき、まだ冷めていなかったら取り出さずに、完全に冷めるまで置いておくこと。

NOTE

基本的にはひとつのボウルで作れるので、初心者向けといえるかもしれません。このレシピでは、生地の量に対して多くのバナナを使って、香りが際立つようにしています。バナナは皮に黒い斑点のあるよく熟れたバナナを選ぶとよいでしょう。バナナは手で揉みつぶし、小さなかけらが残る程度を目安に。食感がよりおもしろいものになります。

MATIN

Madeleines
マドレーヌ

常連のお客様のなかに2週間に一度、マドレーヌを30個注文してくれるご夫妻がいらっしゃいます。私は自分の個性を出すようなマドレーヌを作ろうとはあまり思っていませんでしたが、ご贔屓にしてくれるご夫妻のおかげで、この菓子の本質について考えを巡らすようになりました。マドレーヌを形作っている味わいや食感、紅茶やコーヒーとの相性にいたるまでじっくりと。

そして、ここでもまた、ほかの菓子と同じように、細部へのこだわりが大きな違いを生むという結論にたどりついたのです。

分量（25個分）

必要な道具
シェル型（7.5×4.5×深さ1.5cm）…1個
丸口金（直径9mm）…1個

アパレイユ・ア・マドレーヌ
全卵…150g
粉糖…180g
小麦粉 T45（薄力粉）…120g
アーモンドパウダー…30g
ベーキングパウダー…5g
バター…150g
レモンの皮のすりおろし…1/2個分

焼成
バター…適量
小麦粉 T45（薄力粉）…適量

アパレイユ・ア・マドレーヌ（前日に準備）

01. ボウルに全卵と粉糖を入れ、約40℃で湯煎しながら混ぜる。

02. 小麦粉、アーモンドパウダー、ベーキングパウダーをふるって01のボウルに入れ、混ぜ合わせる。

03. 約40℃に温めておいたバターと、レモンの皮のすりおろしを02のボウルに加え、均一になるまで生地をよく混ぜ合わせる。

04. ラップで生地をぴったりと覆い、冷蔵庫でひと晩休ませる。

焼成

01. オーブンを200℃に予熱する。シェル型にバターを塗り、小麦粉をふっておく。

02. 丸口金をつけた絞り袋にアパレイユを入れたら、それぞれ型の2/3の高さまで生地を絞り入れていく。200℃のオーブンで10～12分焼く。

03. オーブンから出したら、型をひっくり返して持ち、型の端を台に軽く打ちつけてマドレーヌを外す。

NOTE

マドレーヌを作っていると、製菓の工程には重要でない部分がひとつもないことに気づかされます。手順を簡略化しようとすると、その分だけでき上がりの味は変わってしまうもので、やはりすべてが大事なのです。このレシピでは、生地にレモンを加えてから生地をひと晩寝かせることで、柔らかな香りが得られるようにしています。シェル型にはバターを塗り、その上から小麦粉をふっておくことも忘れずに。

MATIN

Créme caramel japonaise
クレーム キャラメル ジャポネーズ

私のクレーム・キャラメルは練乳と卵黄を加えることで、とてもなめらかな仕上がりになっています。フランスでクレーム・キャラメルとしてよく知られるテクスチャーとは違いますが、日本で好まれるものをあえて提案してみました。このなめらかな舌触りは、きっと世界中の人に気に入っていただけるだろうと思っています。

分量（ビン6個分）

必要な道具
耐熱ガラスビン（156mℓ）…6個

キャラメル・ア・セック
グラニュー糖…200g

アパレイユ
牛乳…353g
グラニュー糖…35g
卵黄…38g
全卵…40g
加糖練乳…40g

キャラメル・ア・セック

01. 鍋にグラニュー糖を入れて火にかけ、鍋を軽くゆらしながら溶かす。キャラメル色に変わり、表面が小さな泡で覆われてきたら、10秒間鍋をゆすり、キャラメル化が進むのを待つ。美しいキャラメル色になったところで、火を止める。オーブンシートを敷いたバットなどにキャラメル液を流し込み、固まるまでおく。キャラメルを砕き、それぞれのビンに6gずつ入れる。

アパレイユ

01. 鍋に牛乳とグラニュー糖を入れて、60℃に温める。ボウルに卵黄、全卵、練乳を入れて混ぜ、鍋で温めた牛乳液を注ぎ、よく混ぜる。表面にできた細かな泡は、レードルなどですくって取り除いておく。

02. キャラメルを入れておいたビンにそれぞれ80gずつ01で作った生地を注いでいく。ビンをオーブン対応の鍋に並べ、熱湯を生地と同じ高さまで注ぎ、鍋にフタをする。150℃に予熱しておいたオーブンに入れて、35～40分湯煎焼きする。

03. 湯煎焼きが完了したら、湯からビンを取り出して、ラップでフタをしていく。室温まで粗熱が取れたら、冷蔵庫に入れて3時間冷やす。

NOTE

このレシピでは、クレーム・キャラメルのビンをオーブンから出すタイミングが非常に重要です。生地の中心が固まり始めたらすぐに取り出しましょう。目安はビンを軽くゆすってみて、生地の外側は固まり、内側がまだある程度ゆるい状態。これを超えて加熱すると固くなりすぎてしまうので注意してください。

加熱中は鍋にフタをしておくと、全体の温度が安定し、とてもなめらかな質感に仕上がります。オーブンからビンを出したら、すぐにラップをかけて生地が乾燥しないようにすること。また、キャラメル・ア・セックを作るときは、焦げる直前までキャラメル化を進行させましょう。こうすることで、生地の甘みとキャラメルの苦味のコントラストがより際立った味わいになります。

最後に、アパレイユを流し込む容器は、耐熱ガラスや陶器のものを選ぶとよいでしょう。熱伝導率がよくなり、うまく焼きあがります。

Jardin du Luxembourg, Paris VI⁰ - 11h34

CHAP. 2

11:00

P. 040 タルト オ ネクタリン　　P. 042 ヴェルティージュ　　P. 044 タルト オ ザブリコ

P. 048 パリブレスト オ セザム ノワール　　P. 050 パブロヴァ エグゾティック　　P. 052 シシリア

P. 056 ミルクレープ　　P. 058 タルト ア ラ リュバーブ　　P. 060 フレジエ ジャポネ

GÂTEAUX

Tarte aux nectarines

タルト オ ネクタリン

ネクタリンを知ったのは自分の店をもってからでした。買い出しをしているときに市場で見つけたのです。味見をしてみて、目を丸くしました。桃より歯ごたえがあり、酸味もある。しかも、皮までおいしい！

ネクタリンの甘味と酸味のバランスをうまく取るにはどうすればいいか。食べながらあれこれと考えて、そのときに思いついたのがこのタルトでした。ネクタリンを焼くのはフランスではあまり一般的ではないようですが、とてもおいしいタルトになりました。

分量（6個分）

必要な道具

抜き型（直径11cm）…1個
丸口金（直径11mm）…1個

タルト

フイユタージュ・アンヴェルセ…240g（P.172参照）
クレームダマンド…60g（P.177参照）
ネクタリン（果肉が黄色のもの）…3個
グラニュー糖…適量

仕上げ

ナパージュアプリコット…適量

タルトの生地と焼成

01. 生地を麺棒で厚さ2mmにのばし、フォークでピケする。抜き型で直径11cmの円形に6枚切り抜く。丸口金をつけた絞り袋にクレームダマンドを入れ、それぞれのタルトの中央に直径5cmほどの広がりをもたせるように10gずつ絞る。

02. ネクタリンを半分に切り、厚さ1cmのくし形切りにする（ネクタリン1個につき、だいたい10切れできる）。クレームダマンドの周りに、ネクタリンの皮面を外側に向けて、生地の端との間が約1cm開くように3切れ並べる。クレームダマンドの上にネクタリンを2切れ置く。

03. バットにグラニュー糖を広げる。霧吹きでタルトの上面の縁部分と下面全体を湿らせてから、バットのグラニュー糖につけてまとわせる。

04. オーブンシートを敷いた天板にタルトを並べ、170℃に予熱したオーブンで25分焼く。タルトの下部が十分にキャラメル化し、周囲の生地に焼き色がついたら取り出す。

05. タルトが温かいうちに、ネクタリンの上部にナパージュアプリコットをハケで薄く塗る。

NOTE

ネクタリンは果肉が白いものを使ってもよいでしょう。味は黄色の品種と大きく変わらないので色合いで選ぶのもひとつの手。フイユタージュの外側にグラニュー糖をつけるひと手間をかけることで、パイ生地がよりサクッとした仕上がりになります。

Vertige
ヴェルティージュ

チョコレートとライムの皮、グリーンカルダモンの組み合わせには確信に似たものがありました。もともと作ろうとしていたのは、鋭い香りが特徴のペルー産のチョコを活かしたテリーヌのレシピ。試作を重ねるなかでライムの外皮を加えてみると、香りがまっすぐ立ち上ってくるようにはなったのですが、いまひとつ。口の中でもう少し香りの広がりをもたせたいところでした。これだというものに出会ったのは、家でカレーを作るためにグリーンカルダモンを手にしたときのことです。柑橘類を思わせるこの香りなら、チョコレートの濃厚な風味にも負けないはずだと思いました。

こうして完成したテリーヌに、フランス語で「めまい」を意味する《ヴェルティージュ》という名前をつけました。ここには言葉遊びも潜んでいます。フランス語で「ライム」は《シトロン・ヴェール》、「グリーンカルダモン」が《カルダモン・ヴェール》、これら2つの素材とチョコレートのマリアージュが、甘美なめまいを与えるような菓子というわけです。

分量（ケーキ型1個分）

必要な道具
ケーキ型（16×8×高さ7cm）… 1個

アパレイユ
全卵…126g
ライムの皮のすりおろし…1/2個分
グリーンカルダモン…1/2個
ダークチョコレート（ヴァローナ「アンドア」カカオ分70%）…164g
バター…126g
グラニュー糖…76g

仕上げ
カカオパウダー…適量

アパレイユ（前日の準備）

01. ボウルに全卵、ライムの皮のすりおろし、すりこぎでつぶしたグリーンカルダモンを入れて、軽く混ぜ合わせる。ラップをかぶせて冷蔵庫でひと晩休ませる。

焼成

01. 翌日、チョコレートとバターを湯煎で溶かし、50℃になるまで混ぜ合わせる。

02. 前日に冷やしておいた卵液を取り出し、グラニュー糖を加える。このボウルを湯煎に浮かべ、混ぜながら50℃まで加熱する。温かいうちに、01のチョコレートの入ったボウルへシノワでこして注ぎ入れ、よく混ぜて乳化させる。

03. ケーキ型にオーブンシートを敷き込み、生地を450g入れる。160℃に予熱したオーブンで25分ほど湯煎焼きにする。

04. ケーキ型を湯から取り出して室温で30分冷まし、その後3〜4時間冷蔵庫で冷やす。

仕上げ

型から生地を外す。ふるいで上からココアパウダーをふる。

NOTE

ライムの皮とグリーンカルダモンを卵と合わせてひと晩寝かせることで、香りをしっかりと抽出できます。

11:00

Tarte aux abricots
タルト オ ザブリコ

アプリコットの旬はとても短いので、その時期のうちに新しい菓子を作りだすのは難しいものです。もぎたてのアプリコットをかじるような瑞々しさと初夏の訪れを感じられるレシピを考案するのに4年かかりました。

レモン果汁で甘酸っぱさをほどよく整えたコンポートと、オーブンで火入れした果肉を合わせることで絶妙な酸味のバランスを引きだしました。アプリコットの香りと果実感を同時に楽しめます。

分量（6個分）

必要な道具
シリコンタルト型（直径7×底面6×深さ1.5cm）…1個
抜き型（直径11cm）…1個
タルトリング（直径8×高さ1.5cm）…1個
丸口金（口径12mm）…1個

アプリコット・ロティ
アプリコット…3個

コンポテ・ダブリコ
（余った材料は冷凍保存可）
アプリコット…534g
A　グラニュー糖…134g
　　レモン果汁…26g
B　グラニュー糖…16g
　　NHペクチン…4g
水（50℃の湯にする）…5g
粉ゼラチン…1g

組み立てと仕上げ
フイユタージュ・アンヴェルセ…480g（P.172参照）
クレームパティシエール…480g（P.170参照）
仕上げ用粉糖…適量
ナパージュヌートル…適量

アプリコット・ロティ

01. オーブンを160℃に予熱する。アプリコットを半分に切り、種を取り除く。

02. 天板にオーブンシートを敷き、アプリコットを断面を下にして並べる。

コンポテ・ダブリコ

01. アプリコットを半分に切り、種を取り除いたら、Aのグラニュー糖、レモン果汁とともに鍋に入れ、弱火にかける。

02. アプリコットが煮崩れてコンポート状になるまで弱火にかける。あらかじめよく混ぜておいたBのグラニュー糖とペクチンを鍋に加える。ペクチンによるとろみが出てくるまで火にかけながら混ぜ続ける。

03. 粉ゼラチンは50℃の湯で溶き、火からおろした鍋に加える。アプリコットの実が大きく残っている場合は、ハンドブレンダーでつぶす。

04. タルトの型に焼きアプリコットを1切れずつ置き、それぞれに03のゼラチン液を注ぐ。冷凍庫で3時間冷やし固める。

組み立てと仕上げ

P.046の「Pas à pas」を参照。

NOTE

アプリコットは甘味と酸味にバラつきがある果物です。各工程で味を確認し、バランスを整えるようにしましょう。コンポテ・ダブリコの鍋を火からおろす前には、仕上がりの味をみて、グラニュー糖とレモン果汁をそれぞれ分量の5％ほど足しながら、甘味と酸味を調整してください。
このレシピにおいて大切な酸味を表現するため、コンポテ・ダブリコを作るときに最初から鍋にレモン果汁も入れています。また、アプリコットは変色しやすいので、手早く調理することも成功の秘訣です。

Pas à pas
タルト オ ザブリコの組み立て

01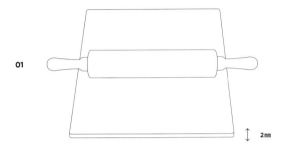

生地を厚さ2mmにのばす。

02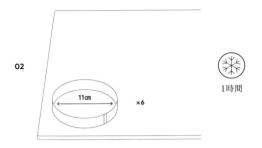

1時間

生地を型で抜いて6枚分作り、各タルトリングに敷き込む。
タルトリング内の生地にフォークでピケして、冷蔵庫で
1時間冷やし固める。

03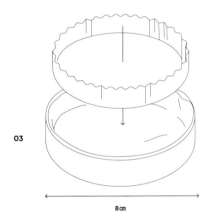

タルトリングの生地の上にオーブンシートを敷き込む。

04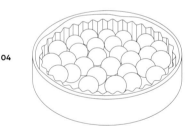

タルトストーンを置く。

05

25-30分 170℃

170℃に予熱したオーブンで25〜30分焼く。

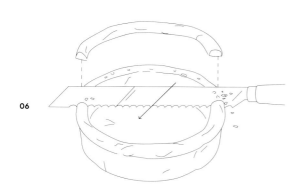

06 粗熱が取れたら、波刃包丁でタルトの縁の高さが2cmになるように切り落とす。

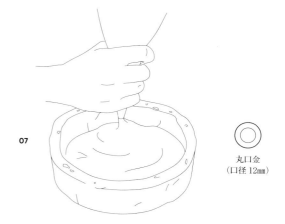

07 丸口金をつけた絞り袋にクレーム・パティシエールを入れ、タルトの縁まで絞っていく。

丸口金
(口径12mm)

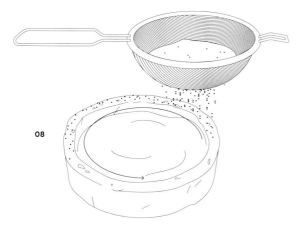

08 シノワで縁部分に仕上げ用粉糖を振りかける。

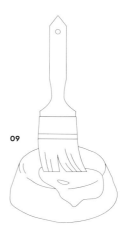

09 凍らせておいたコンポートに、ハケでナパージュヌートルを塗る。

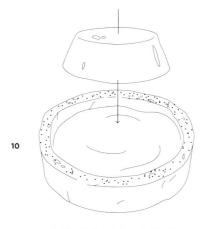

10 コンポートをタルトの中央に置く。
冷蔵庫で1時間おいて解凍してから提供する。

Paris-brest au sésame noir
パリブレスト オ セザム ノワール

在フランス日本国大使館から、日本の食材を取り入れたデザートというリクエストを受けて作った菓子です。プラリネとごまの相性が良いことはわかっていたので、この機会にパリブレストで組み合わせてみたいと思いました。

ごま単体ではあまり味の奥行きが得られないものですが、プラリネの風味を加えると、ごまの香りを引き立てられます。ところで、フランス人は黒色の食べものをあまり好まないと聞いたことがありましたが、お店で「ラ・トゥッシュ・ジャポネーズ」と冠して、日本風にアレンジしたフランス菓子でショーケースを一新するイベントを展開したとき、この黒ごまを使ったパリブレストが人気を集め、私にとってうれしい驚きとなりました。

分量（6個分）

必要な道具
星口金（直径15mm）… 1個
セルクル（直径6cm）… 1個
抜き型（直径6cm）… 1個
抜き型（直径3cm）… 1個

パータ・シュー … 200g（P.171を参照）

クラクラン・オ・セザム・ノワール
バター … 71g
グラニュー糖 … 39g
小麦粉 T55（ミノトリー・ヴィロン「ラ・トラディション・フランセーズ」）… 90g
黒ごま … 24g

ダンテル・オ・セザム・ノワール
バター … 27g
水あめ … 24g
グラニュー糖 … 48g
小麦粉 T45（薄力粉）… 24g
アーモンドダイス（皮なし）… 10g
黒ごま … 10g

クレーム・プラリネ・オ・セザム・ノワール
クレーム・パティシエール … 196g（P.170参照）
バター … 84g
アーモンドプラリネ … 42g
ヘーゼルナッツプラリネ … 42g
黒ごまペースト … 56g

クラクラン・オ・セザム・ノワール

01. 室温で柔らかくしたバターとそのほかの材料をボウルに入れて混ぜ合わせる。冷蔵庫で2時間休ませる。

02. クラクランの生地を厚さ2mmにのばす。直径6cmの抜き型で6枚抜き、それぞれの中心に3cmの抜き型で穴を開ける。

シュー

01. 直径6cmのセルクルの底に小麦粉をつけ、バターを塗っておいた天板に目印を6つ分つける。パータ・シューを絞り袋に入れ、星型口金をつけ、円形の目印に沿ってリング状に絞っていく。

02. 黒ごまのクラクランをリング状のシュー生地の上に置く。175℃に予熱したオーブンで25分焼く。

ダンテル・オ・セザム・ノワール

01. 鍋にバター、水あめ、グラニュー糖を入れる。火にかけて、混ぜながら沸騰させる。ボウルにアーモンドダイスと黒ごまを入れ、ふるっておいた小麦粉を加える。鍋のバター液も注ぎ入れる。よく混ぜ合わせたら、室温において粗熱が取れるまで冷ます。

02. 液状だった生地の粗熱が取れて固まってきたら、3gずつ生地を分けていく。天板にフレキシパンを敷き、分割した生地を並べ、160℃のオーブンで10分ほど焼く。こんがりとした焼き色がついたらOK。

クレーム・プラリネ・オ・セザム・ノワール

01. ミキサーボウルにクレーム・パティシエールを入れてほぐし、柔らかくしたバター、プラリネ、黒ごまペーストを加え、ホイッパーを取りつけたミキサーの高速で攪拌する。

組み立て

01. 波刃包丁でシューを上下半分に切る。クレーム・プラリネ・オ・セザム・ノワールを星型口金をつけた絞り袋に入れ、下側のシューの断面に絞る。

02. クレーム・プラリネ・オ・セザム・ノワールを重ねるように2周絞ったら、上側のシューをかぶせる。ダンテルを半分に割り、クリームに差し込む。

NOTE

クレーム・プラリネ・オ・セザム・ノワールは、材料がきちんと混ぜ合わされることで、黒ごまの香りが立ち、なめらかな舌触りが得られます。しかし、攪拌しすぎるとクリームが軽くなってしまい、また逆に、攪拌が足りないとクリームが沈みやすくなりますので、難しいところです。

11:00

Pavlova exotique
パブロヴァ エグゾティック

フランスの料理番組「ル・メイユール・パティシエ〜レ・プロフェッショネル」に参加したときに、「子ども時代の思い出」というお題を受けて作ったパヴロヴァです。少年のころ、夏休みに観て感動した打ち上げ花火のイメージを菓子で表現しました。食べるたびに口の中でいろいろな味がはじけ、きっと花火の記憶が蘇ってくるはず。

分量（6個分）

必要な道具
シリコンドーム型（直径7×深さ4cm）…1枚
丸口金（口径6mm）…1個
花口金（口径16mm）…1個

メレンゲ（ドーム型・12個分）
コーンスターチ…12g
グラニュー糖…123g
卵白…115g
ゆずの皮のすりおろし…1/2個分

フルーツ・マリネ
マンゴー…58g
キウイ…34g
パッションフルーツ…18g
ゆず外皮のすりおろし…1個分
ゆず果汁…4g

シャンティイ・ア・ラ・ノワ・ドゥ・ココ
乳脂肪分35%生クリーム…95g
グラニュー糖…8g
ココナッツピュレ…47g

仕上げ
ココナッツオイル…適量

メレンゲ

01. コーンスターチとグラニュー糖をよく混ぜる。ミキサーボウルに卵白を入れ、スタンドミキサーで白っぽくなるまで撹拌する。3回に分けて、先に混ぜたコーンスターチと砂糖を加え、固いメレンゲになるまでさらに撹拌する。すりおろしたゆずの皮を加えてゴムべらで混ぜ合わせる。できあがったメレンゲは丸口金の絞り袋に入れる。

02. 油を吸わせたペーパータオルか霧吹きを使って、ドーム型に薄く油を塗ったら、グラニュー糖を振る。型を逆さにして余分なグラニュー糖を落とす。ドームの中心からメレンゲを絞り始め、半球状の面を覆うように、型の底から縁まで螺旋状に絞っていく。空洞を保ちながら絞ることが大切。100℃に予熱したオーブンで1時間40分焼く。

03. オーブンから取り出し、メレンゲがまだ熱いうちに型から外す。十分に冷えたら、底面をシノワでこすってならし、2つを合わせて球体になるようにする。

フルーツ・マリネ

01. マンゴーとキウイを1cm角に切る。ボウルにパッションフルーツの果肉と種、ゆず果汁とすりおろした皮を入れる。そこに角切りにした果物を漬けておく。

シャンティイ・ア・ラ・ノワ・ドゥ・ココ

01. ミキサーボウルによく冷やした生クリーム、グラニュー糖、ココナッツピュレを入れて、ミキサーで8分立てになるまで撹拌する。

仕上げと組み立て

01. メレンゲの殻の内側に、溶かしたココナッツオイルを塗る（ココナッツオイルを塗るとメレンゲの殻が果汁などで湿気てしまうのを防いでくれる）。逆さにして、オーブンシートを敷いたトレイの上に並べる。ココナッツオイルを十分に固めるため、冷蔵庫で10分冷やす（ココナッツオイルは体温で溶けるので、口の中には残らない）。

02. メレンゲの殻は2個を1セットとする。1つの殻にはマリネしておいたフルーツを詰める。花口金をつけた絞り袋にシャンティイ・ア・ラ・ノワ・ドゥ・ココを詰め、もう1つの殻に絞り入れる。2つの殻を合わせて球体に仕上げる。このとき、シャンティイが入った殻のほうが下にくるようにする。

NOTE
ドーム型にグラニュー糖をさっとふりかける手順は、焼き上げたメレンゲのサクサクした食感を強めてくれるので重要です。果汁がしみてメレンゲの殻がしっとりとしないように、ココナッツオイルをメレンゲの内側に塗るのも忘れないようにしてください。

Sicilia
シシリア

私はフランス菓子を作る日本人パティシエですが、ほかの文化圏の料理——たとえば、アメリカやイタリアの料理からインスピレーションを受けることもあります。このシシリアもまさにそのひとつでした。シチリア島のピスタチオを使ったスペシャリテであるカッサータへのオマージュになっています。こんなふうに旅で訪れた土地で着想を得て、新しい菓子を作ることがあります。これを一種の文化的な融合と考えるのは、おそらく、私だけではないでしょう。

そもそもほかの文化といっさい接点をもたない食文化などありえるのでしょうか。伝統的なフランス菓子にはオーストリアやイタリアの菓子文化の影響がみられます。フォレ・ノワールやモンブランのように。ある国で生みだされた菓子が別の国へ旅をしていくなかで、きっとパティスリーの文化を豊かなものにしてきたと思っています。

分量（6個分）

必要な道具
カードル（56×36cm）…1個
抜き型（直径7cm）…1個
シリコンドーム型（直径7×深さ4cm）…1枚
シリコンドーム型（直径4×深さ2cm）…1枚

ビスキュイ・ジョコンド・ピスタージュ
全卵…279g
A　卵白…122g
アーモンドパウダー…230g
ピスタチオパウダー…143g
粉糖…230g
バター…184g
小麦粉 T45（薄力粉）…72g
B　卵白…153g
グラニュー糖…86g

コンポテ・ドゥ・グリオット
グリオットチェリー（種を除いたもの）…108g
グラニュー糖…32g
コーンスターチ…3g
粉ゼラチン…1g
水（50℃の湯にする）…5g

→

ビスキュイ・ジョコンド・ピスタージュ

01. ミキサーボウルに全卵とAの卵白を入れ、湯煎して40℃に温める。アーモンドパウダー、ピスタチオパウダー、グラニュー糖をふるって温めた卵液に加え、高速のミキサーで白っぽくなるまで撹拌する。

02. 別のボウルにバターを入れ、湯煎にかけて50℃まで温め、01の生地の1/4量を加えてよく混ぜる。小麦粉はふるい、ミキサーボウルの残りの生地に加えて混ぜる。

03. Bの卵白は別のミキサーボウルに入れ、グラニュー糖を加える。ホイッパーを取りつけたミキサーで8分立てになるまで撹拌し、メレンゲを作る。

04. 02の小麦粉入りの生地に03のメレンゲを加えてゴムべらで混ぜ合わせる。均一になじむ前に02のバター生地を加え、混ぜ合わせる。

05. オーブンシートを敷いた天板の上にカードルを置き、生地を流し込み、パレットナイフでなめらかに整えて偏りがないようにする。170℃に予熱したオーブンで20分焼く。

06. カードルとビスキュイの間にパレットをそっとすべらせるように入れて、カードルを取り除く。ビスキュイをケーキクーラーに移して、10分休ませる。

07. 生地が冷めたら、直径7cmの抜き型で抜く。

コンポテ・ドゥ・グリオット

01. グリオットチェリーは冷凍しておく。凍ったグリオットチェリーをボウルに入れ、グラニュー糖を混ぜ合わせ、冷蔵庫で解凍する（湯や室温で解凍すると酸味が強くなってしまうため）。鍋に入れ、中火にかけて沸騰させる。火を止め、室温で1時間おく。浸透圧によってグリオットチェリーの水分が排出され、糖含量のバランスがよくなる。

02. ボウルにコーンスターチを入れ、01のグリオットチェリー果汁1/3量を加えて混ぜる。鍋を再び火にかけて沸騰させたら、果汁で溶いたコーンスターチを加える。弱火で2〜3分ほど、とろみが出るまで煮て、50℃の湯で溶かしておいたゼラチンを加える。ボウルに移し、表面に密着させるようにラップで覆う。固まるまで、冷蔵庫で3時間ほど冷やす。

03. 02のグリオットチェリーのコンポテを12gくらいずつ、直径7cmのドーム型の中央に入れていく。冷蔵庫に入れる。

→

「私はお客さまを驚かせたいという動機で菓子を作ってはいません。それは、どちらかというと、レストランのデザートの役割だと考えています。私は、なによりもまず、味で満足してもらえることを目指しています」

クレーム・グリオット

グリオットチェリー（種を除いたもの）…71g
レモン果汁…7g
全卵…39g
卵黄…36g
グラニュー糖…46g
コーンスターチ…5g
粉ゼラチン…1g
水（50℃の湯にする）…5g
バター…39g
ローズエッセンス…0.2g

ババロワーズ・ピスターシュ

牛乳…154g
卵黄…46g
グラニュー糖…38g
ピスタチオペースト…38g
粉ゼラチン…5.3g
水（50℃の湯にする）…27g
乳脂肪分35%生クリーム…192g

ピスターシュ・アッシェ

ピスタチオ…30粒
塩…ひとつまみ

組み立てと飾りつけ

ナパージュヌートル…適量
バラの花びら（食用）…6枚
殻つきピスタチオ…6粒

クレーム・グリオット

01. 鍋にグリオットチェリーとレモン果汁を入れて沸騰させる。ボウルに全卵と卵黄、グラニュー糖とコーンスターチを入れて混ぜ合わせる。鍋から1/3量ほどのチェリー液をボウルに注ぎ、よく混ぜたら、すべて鍋に戻し入れる。中火で78℃に達するまで加熱したら、火を止めてバターを入れる。あらかじめ50℃の湯で溶かしておいた粉ゼラチンを鍋に加えて混ぜ溶かす。

02. 鍋からボウルに移し、底を氷水にあててとろみがつくまで冷やす。ローズエッセンスを加えてよく混ぜ絞り袋に詰める。直径4cmのドーム型に22gずつ絞っていく。クリームが固まるまで冷凍庫におく。3時間以上が目安。

ババロワーズ・ピスターシュ

01. 鍋に牛乳を入れて沸騰させる。ボウルに卵黄とグラニュー糖、ピスタチオペーストを入れてよく混ぜ合わせる。温めた牛乳の1/3量をボウルに加えてよく混ぜ、鍋にすべて戻し入れる。中火にかけ、78℃になるまで加熱し、鍋を火からおろす。あらかじめ粉ゼラチンは50℃の湯で溶かしておき、鍋に加えてよく混ぜる。ボウルに移して底を氷水にあてて、とろみがつくまで冷やす。7分立てにした生クリームをボウルに加え、混ぜ合わせる。

02. 冷蔵庫からコンポテ・ドゥ・グリオットの型を取り出し、01のババロア液をそれぞれのドーム型の3/4の深さまで注ぐ。凍ったクレーム・グリオットをババロアの中心に押し込み、ババロア液でフタをする。パレットやカードで表面をなめらかにし、はみ出た部分は取り除いておく。ビスキュイ・ジョコンドを上に置き、流し込んだ液が固まるまで冷凍庫におく。3時間以上が目安。

ピスターシュ・アッシェ

01. 鍋に水と塩を加え、沸騰させる。ピスタチオを入れて1分ほど煮立たせる。取り出してペーパータオルで水気を拭き、細かく刻む。

組み立てと飾りつけ

01. ナパージュヌートルを30℃に温める。冷凍庫からババロアを取り出して型を外し、ケーキクーラーに並べる。全体を覆うようにナパージュヌートルをしっかり塗っていく。

02. 下部のビスキュイの周りに刻みピスタチオをまぶす。殻つきのピスタチオ1粒とバラの花びら1枚をのせて飾る。

NOTE

このシシリアは、ピスタチオとグリオットチェリー、バラを合わせた春の菓子。私は菓子の構成を考える際、メインに据える素材は3種以内にするようにしています。

Sicilia シシリア

11:00

Mille-crêpe
ミルクレープ

ブルターニュの伝統料理であるクレープがはるばる日本まで伝わり、ミルクレープは生まれました。そして折り返すようにアジア諸国に広まったと言われています。誕生からもう40年以上の歴史をもつこの菓子はフランスと日本という2つの国から生まれた旅する子どもなのです。

ミルクレープの魅力はなんといっても、クレーム・ディプロマットのなめらかなテクスチャーと、クレープ生地のほんのりとした甘さでしょう。たしかに少し準備に時間はかかりますが、じつはフライパン1つで調理できますので、気楽に作ってみてください。

分量（フライパン1個分）

必要な道具
フライパン（直径24cm）…1個

パータ・クレープ
全卵…220g
グラニュー糖…61g
小麦粉 T45（薄力粉）…109g
バター…36g
牛乳…220g

クレーム・フエテ
乳脂肪分35%生クリーム…160g
マスカルポーネ…16g
グラニュー糖…14g

クレーム・ディプロマット
クレーム・パティシエール…634g（P.170参照）

組み立てと仕上げ
仕上げ用粉糖…適量

パータ・クレープ

01. 全卵とグラニュー糖を混ぜ合わせておく。ボウルに小麦粉をふるい、卵液の1/4量を加えてホイッパーで混ぜる。混ぜながら残りの卵液も加える。溶かしたバターも入れてよく混ぜる。室温にした牛乳をゆっくりと加えて混ぜる。ラップをかけ、少なくとも冷蔵庫で3時間おく。

02. フライパンを温める。小皿に少量の油を注ぎ、そこにペーパータオルを軽く浸し、フライパンに塗る。レードルを使って生地をフライパンいっぱいに薄く広げて焼き、生地の縁が黄金色になってきたら、裏返して10秒ほど焼く。フライパンから取り出し、ケーキクーラーに置く。同様にして10枚のクレープを焼く。

クレーム・フエテ

01. ミキサーボウルに生クリームと、マスカルポーネ、グラニュー糖を入れて、高速のミキサーで9分立てになるまで撹拌する。

クレーム・ディプロマット

01. クレーム・パティシエールはホイッパーで軽くほぐしておく。クレーム・フエテを加え、ゴムべらで全体をなじませるようにやさしく混ぜる。

組み立てと仕上げ

01. クレープの生地にクレーム・ディプロマット90gをのせ、中心から外側に向かって均一に塗り広げていく。縁から1cmほどは塗らずに残し、クレープを1枚重ねて置く。この手順をくり返し、10枚目のクレープを重ねたら、冷蔵庫で3時間休ませる。

02. ケーキを10等分に切り分け、仕上げ用粉糖をさっと振る。

Tarte à la rhubarbe

タルト ア ラ リュバーブ

最近ではルバーブが北日本でも栽培されていますが、私はフランスに渡ってから、この食材と本格的に向き合うようになりました。フランスではルバーブのフレッシュで心地よい酸味が好まれていますので、ほかの果物を加えずに、ルバーブの風味がストレートに感じられるようにしたいと考えています。

分量（12個分）

必要な道具
抜き型（直径11cm）… 1個
セルクル（直径8×高さ1.5cm）… 12個
セルクル（直径7.5×高さ1.5cm）… 12個

タルト生地
フイユタージュ・アンヴェルセ… 480g（P.172参照）

クレーム・リュバーブ
赤ルバーブ… 220g
レモン果汁… 127g
A　グラニュー糖… 103g
全卵… 174g
卵黄… 158g
B　グラニュー糖… 103g
コーンスターチ… 21g
バター… 174g
粉ゼラチン… 5g
水（50℃の湯にする）… 25g

コンポート
（余った分は冷凍保存可）
赤ルバーブ… 1.2kg
A　グラニュー糖… 299g
レモン果汁… 60g
ＮＨペクチン… 9g
B　グラニュー糖… 36g
粉ゼラチン… 2g
水（50℃の湯にする）… 10g

赤ルバーブのシロップ漬け
赤ルバーブ… 1本
グラニュー糖… 300g
水… 300g

組み立てと仕上げ
仕上げ用粉糖… 適量
ナパージュヌートル… 適量

タルト生地

01. P.046の「Pas à pas」の01.～05.を参照して、タルト生地を12個分作る。

クレーム・リュバーブ

01. ルバーブを洗い、2cm幅に切る。少なくとも30分冷凍庫において凍らせる。この工程によってルバーブの水分を抜くことができる。

02. 鍋に凍ったルバーブ、レモン果汁、Aのグラニュー糖を入れて沸騰させる。ボウルに全卵、卵黄、Bのグラニュー糖、コーンスターチを入れ、よく混ぜ合わせる。鍋から1/3量ほどのルバーブをボウルに加えて混ぜ、混ざったら鍋に戻し入れる。鍋を中火にかけて、78℃になるまで加熱する。火からおろし、バターを加えて混ぜる。50℃の湯で溶いておいたゼラチンを加え、よく混ぜ合わせる。

03. 鍋からボウルに移し、底を氷水にあてて完全に冷えるまでおく。ラップを表面に密着させるようにかけ、冷蔵庫で休ませる。

コンポート

01. ルバーブを洗い、2cm幅に切る。少なくとも30分冷凍庫において凍らせる。鍋にAのグラニュー糖、レモン果汁、凍ったルバーブを入れ、室温で解凍する。

02. 鍋を火にかけて、混ぜながら沸騰させる。鍋底に焦げつかないように注意する。沸騰したら、さらに中火で5分ほど、アクをすくいながら煮立たせる。

03. ペクチンとBのグラニュー糖をよく混ぜ、鍋に加えてよく混ぜ、中火でさらに1分ほど煮る。ペクチンの作用でとろみが出てきたら、鍋を火からおろす。ゼラチンを50℃の湯で溶かしておき、鍋に加えて混ぜる。

04. 天板にギターシートを敷く。その上に直径7.5cmのセルクルを並べ、コンポートをセルクルの縁（すりきり）まで流し込む。固まるまで冷凍庫におく。3時間以上が目安。

赤ルバーブのシロップ漬け

01. オーブンを150℃に予熱する。ルバーブを洗い、15cmの長さに切る。鍋に分量の水とグラニュー糖を入れて沸騰させてシロップを作る。耐熱容器にルバーブとシロップを入れ、中央に直径2cmの穴を開けたオーブンシートで、容器にフタをするように覆う。

02. オーブンで10分ほど焼く。火入れの目安はルバーブに竹串がスムーズに刺さる状態。粗熱を取り、冷蔵庫で休ませる。

組み立てと仕上げ

01. タルト生地の底に、絞り袋に詰めたクレーム・リュバーブをうず巻き状に絞っていく。生地の縁に仕上げ用粉糖を振りかける。冷凍庫から赤ルバーブのコンポートのセルクルを取り出す。セルクルから外してケーキクーラーに移し、ハケでナパージュヌートルを薄い層になるように塗って、タルトの上に置く。

02. シロップに漬けておいたルバーブを取り出し、縦方向に厚さ2mmに切る。直径7.5cmのセルクルを押しつけて半円に切り抜き、タルトの上面に飾る。

NOTE

このレシピではルバーブから、なめらかなクレーム、コンポート、シロップ漬けを作っています。異なる調理法から得られる3種の食感と、サクサクしたパイ生地が織りなすコントラストを楽しんでください。クレーム・リュバーブを作るときは、実が溶けてしまわないように気をつけながら火入れをするとよいでしょう。

11:00

Fraisier japonais
フレジエ ジャポネ

「洋菓子」という言葉と聞くと、まず思い浮かんでくるのはこのケーキですが、フランスのお店で出してみようと考えたとき、受け入れてもらえるかどうか自信がもてませんでした。ふわふわ、とろとろの食感が好まれる日本とは対照的に、フランスでは歯ごたえのあるものが好まれるという先入観があったからです。しかしうれしいことに、この日本風のフレジエは、またたく間に大人気となりました。「おいしいフレジエだった」と褒めてもらえるたび、フランスの人たちと自分を育ててくれた菓子を共有できた喜びがこみあげてきます。

分量（セルクル1台分）

必要な道具
カードル（54×35cm）…1個
抜き型（直径15cm）…1個
バラ口金（長さ2×幅0.8cm）…1個

ビスキュイ・スフレ
牛乳…161g
バター…88g
小麦粉 T45（薄力粉）…124g
ベーキングパウダー…6.3g
A　卵白…79g
　　卵黄…187g
　　グラニュー糖…179g
　　乾燥卵白…3.5g
B　卵白…323g

いちごのシロップ
グラニュー糖…42g
水…84g
いちごピュレ…25g

クレーム・フエテ
乳脂肪分35%生クリーム…650g
マスカルポーネ…65g
グラニュー糖…57g

組み立てと仕上げ
サンド用いちご…200g
飾り用いちご…適量
※原書ではフランス産ガリゲット種を使用

ビスキュイ・スフレ

01. 鍋に牛乳とバターを入れて沸騰させ、ミキサーボウルに注ぎ入れる。ふるっておいた小麦粉とベーキングパウダーを加える。ホイッパーを取りつけた中速のミキサーで撹拌する。

02. 約30℃に温めたAの卵白と卵黄を01のボウルに加え、よくなじむまで混ぜ続ける。シュー生地のような、もったりとしたやわらかい生地が目安。

03. グラニュー糖と乾燥卵白を丁寧に混ぜ合わせる。Bの卵白を白っぽくなるまで泡立てたら、混ぜておいた乾燥卵白を加え、9分立てのメレンゲになるまで泡立てる。メレンゲと02の生地をゴムべらで素早く混ぜ合わせ、均一な生地にする。

04. オーブンシートを敷いた天板にカードルを置き、生地を流し込む。パレットナイフを使ってなめらかにしながら均一に広げ、170℃に予熱したオーブンで18分焼く。こんがりとした焼き色がつき、軽く触れてみて弾力がでてきたら、オーブンから取り出す。

05. カードルとビスキュイの間にそっとパレットを差し込んで、カードルをはずす。ビスキュイをケーキクーラーに移して、10分休ませる。ビスキュイの表面にラップを密着させるように覆ったら、室温で少なくともさらに1時間休ませる。

06. ビスキュイからラップをはずし、手のひらで焼き色がついている表面を慎重にはがす。直径15cmの抜き型を使って3枚抜く。

いちごのシロップ

01. 鍋に水とグラニュー糖を入れて沸騰させる。粗熱を取り、いちごピュレを加えてよく混ぜる。

クレーム・フエテ

01. ミキサーボウルに生クリーム、マスカルポーネ、グラニュー糖を入れ、ホイッパーを取りつけた高速のミキサーで7分立てのクリームになるまで撹拌する。クリームの半量は別のボウルに移しておく。残りのクリームは、さらに高速のミキサーで9分立てになるまで撹拌する。

組み立てと仕上げ

P.062の「Pas à pas」を参照。

NOTE

日本のショートケーキとフランスのフレジエには共通点がないので、私はフランス人の好みに合うような「日本風のフレジエ」を作ってみたいと思いました。まずはビスキュイ生地のテクスチャーが異なるため、シュー生地にメレンゲを加えながら私なりのバランスを探りました。また、日本のショートケーキのようにいちごの風味を十分に楽しめるよう、クリームにはバニラを加えていません。

→

Pas à pas

フレジエ ジャポネの組み立て

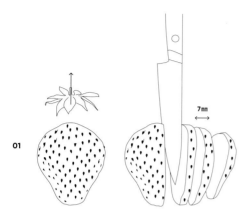

01 いちごはヘタを取り、7mm幅に切る。

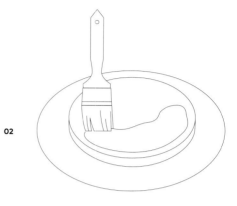

02 台の上にビスキュイ・スフレを置く。
上面にハケでいちごのケーキシロップを打つ。

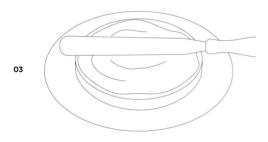

03 パレットナイフで9分立てのクレーム・フエテを塗りのばし、
厚さ1cmに整える。

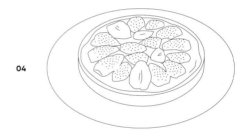

04 切ったいちごをクレームに並べる。
ビスキュイ・スフレからはみ出さない個数が目安。

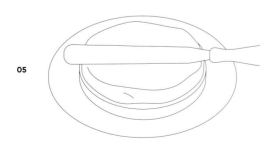

05 いちごが隠れるように上から9分立ての
クレーム・フエテを塗る。

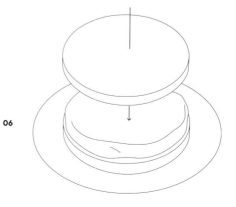

06 ビスキュイ・スフレを重ねる。
この手順をくり返して3層にする。

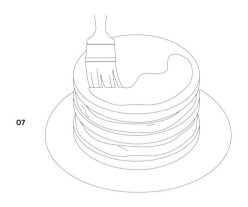

07 いちごのケーキシロップを一番上の
ビスキュイ生地に打つ。

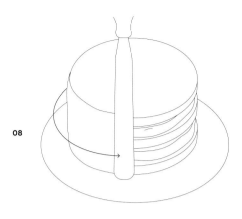

08 パレットナイフでケーキの側面を覆うように、
9分立てのクレーム・フエテをしっかりと塗る。

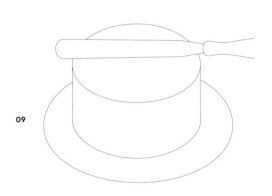

09 7分立てのクレーム・フエテを
上面と側面を覆うように塗る。
全体的に約1cmの均一な厚みが出るように、
パレットで整える。

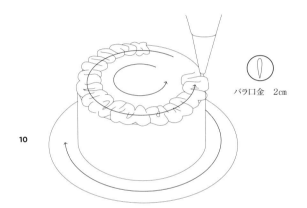

10 バラ口金をつけた絞り袋に7分立てのクレーム・フエテを
詰め、(上部の縁から)円状に花びらのように絞っていく。

バラ口金 2cm

11 仕上げにいちごを飾る。

25 avenue de Breteuil, Paris VIIe - 12h20

Midi

P. 066　タルト トロペジエンヌ　　P. 068　ポロネーズ オ カシス　　P. 072　ミルフイユ ノワゼット

P. 074　ババ ミステリュー　　P. 076　クレームブリュレ ア ラ バナーヌ　　P. 078　ガレット デ ロワ オ シトロン　　P. 080　タタン ドール

Tarte tropézienne
タルト トロペジエンヌ

南フランスのサン・トロペで生まれたこの菓子をはじめて食べたとき、私はあまり魅力を感じませんでした。触れてみることで、なにかフランス菓子のインスピレーションが湧いてくるだろうかと期待していたのですが、オレンジの花の香りも、生地とクリームの重さも、いまひとつピンとこない。ところが、南フランスで夏のバカンスを2、3度過ごすうちに、ようやく気がついたのです。これはリラックスしたいひとときに味わう菓子なのだ、と。

今では、私の作ったタルト・トロペジエンヌをお店の前の芝生でくつろぎながらほおばってくださるお客様も少なくありません。友だちや家族と一緒にわいわい食べていただけるのは、うれしいものです。

分量（セルクル1台分）

必要な道具
セルクル（直径20×高さ2cm）…1個
丸口金（口径12mm）…1個

ブリオッシュ
パータ・ブリオッシュ…250g（P.22参照）
パールシュガー…50g

ドリュール
卵黄…50g
乳脂肪分35％生クリーム…5g

オレンジフラワーのシロップ
水…35g
グラニュー糖…19g
オレンジフラワーウォーター…2g

クレーム・フエテ
乳脂肪分35％生クリーム…70g
マスカルポーネ…7g
グラニュー糖…6g
オレンジフラワーウォーター…4g

クレーム・ディプロマット
クレーム・パティシエール…267g（P.170参照）

飾りつけ
仕上げ用粉糖…適量

ブリオッシュ

01. ブリオッシュを用意して、二次発酵させ、生地を250g取り分ける。生地を丸めたら、麺棒を使って直径18〜19cm、厚さ8mmの円形にのばす。セルクルの内側にバターを塗り、高さ3cmのリボン状に切ったオーブンシートをセルクルから1cmはみでるようにして内側に貼り込む。オーブンシートを敷いた天板の上にセルクルを置く。

02. 生地をセルクルに敷き込み、フォークで全体にピケする。温めていないオーブンで2時間30分〜3時間ほどおいて発酵させる。このとき、オーブンの中に水を張ったボウルを置いておくと、庫内の湿度が保たれ、しっかりと発酵する。

03. オーブンを170℃に予熱する。卵黄と生クリームを混ぜ合わせ、ハケで生地の表面に塗り、パールシュガーを上から全体的にふる。170℃のオーブンで生地を20分焼く。オーブンから取り出してセルクルを外し、ケーキクーラーに置いて冷ます。

オレンジフラワーのシロップ

01. 鍋に水とグラニュー糖を入れて沸騰させる。冷ましてから、オレンジフラワーウォーターを加える。

クレーム・フエテ

01. ミキサーボウルに生クリーム、マスカルポーネ、グラニュー糖、オレンジフラワーウォーターを入れて混ぜる。ホイッパーを取りつけた高速のミキサーで9分立ての固めのクリームになるまで撹拌する。

クレーム・ディプロマット

01. クレーム・パティシエールをホイッパーを使って軽くほぐしておく。クレーム・フエテを加えて、均一になるまで混ぜる。混ぜすぎると、クリームが柔らかくなりすぎてしまうので注意。丸口金をつけた絞り袋に詰める。

組み立てと飾りつけ

01. ブリオッシュを上下半分になるように切る。それぞれの断面にオレンジフラワーのシロップ（約50g）を染み込ませるように塗る。底部になる方のブリオッシュにクレーム・ディプロマットを渦巻き状に絞っていく。クリームの上にブリオッシュをかぶせて、仕上げ用粉糖をふり、冷蔵庫に入れて30分おく。クリームを冷やし固め、生地にシロップをしっかりと染み込ませる。

NOTE
パサパサにならないようにオレンジフラワーのシロップをブリオッシュにたっぷりと染み込ませること。

Polonaise au cassis

ポロネーズ オ カシス

ポロネーズを召しあがったことはありますか？　準備に手間がかかりすぎるためか、姿を消しつつある伝統的な菓子ですが、ババ・オ・ラムを愛するフランス人がこの菓子を嫌いなわけがありません。余談ですが、ババとポロネーズは、どちらも前日に作ったブリオッシュなどを再利用するための知恵から生まれたのではないだろうか、と私は思っています。

ポロネーズのスタンダードなレシピでは生地にアルコール入りのシロップを染み込ませ、オレンジのコンフィを加えたクレーム・ディプロマットをのせ、ドレンチェリーを添えて作りますが、ここに私は現代的なアレンジを加えています。

分量（6個分）

必要な道具

抜き型（直径5cm）… 1個
丸口金（口径12mm）… 1個
片目口金（8歯）… 1個

ブリオッシュ・ナンテール… 2枚（P.22参照）
粉砂糖…適量

カシスのシロップ

水…195g
グラニュー糖…95g
カシスピュレ…10g

コンフィチュール・ドゥ・カシス

カシスピュレ…113g
A　グラニュー糖…74g
NHペクチン…2g
B　グラニュー糖…11g

→

カシスの実の下準備（前日に準備）

01. 仕上げ用の42粒のカシスを冷凍する。カシスを冷凍庫から取り出したら、オーブンシートを敷いたバットに並べて室温でひと晩おき、水分を出して乾燥させる。

ブリオッシュ

01. 焼成したブリオッシュ・ナンテールを冷凍する。（冷凍庫から取り出したら）厚さ2.5cmに切り、直径5cmの型で抜き、12枚分用意する。ケーキクーラーにのせ、粉砂糖をふる。170℃のオーブンで7分ほど黄金色に焼き色がつくまで焼く。

カシスのシロップ

01. 鍋にシロップ用の材料をすべて入れて混ぜる。火にかけて沸騰させたら、約50℃まで冷ます。ブリオッシュの生地を1枚ずつ、鍋のシロップに30秒間浸ける。アンビベした生地はケーキクーラーに置き、冷蔵庫で冷やす。

コンフィチュール・ドゥ・カシス

01. 鍋でカシスピュレとAのグラニュー糖を中火にかける。糖度計を使って56°Bに達するまで煮詰める。糖度計が手元にない場合には、5分ほど煮立たせる。ボウルでペクチンとBのグラニュー糖を混ぜて鍋に加え、30秒間火にかけながら混ぜる。ペクチンの効果でとろみがついてくるあたりが目安。ボウルに移して、密着させるようにラップをかぶせて、冷蔵庫に入れる。

→

「私は奇をてらった菓子は作りません。つねに信頼される、実直な菓子を作れるパティシエでありたいと思っています」

クレーム・ディプロマット

粉ゼラチン…2g
水（50℃の湯にする）…10g
クレーム・パティシエール（P.170参照）…165g
クレーム・ドゥ・カシス…2g
乳脂肪分35% 生クリーム…41g

カシスのイタリアンメレンゲ

卵白…100g
グラニュー糖…203g
水あめ…36g
水…64g
コンフィチュール・ドゥ・カシス…53g

組み立て

カシス（冷凍されてないもの）…30粒

仕上げ

アーモンドスライス…適量
カシス（冷凍されてないもの）…42粒
粉砂糖…適量

クレーム・ディプロマット

01. 粉ゼラチンを50℃の湯で溶かす。クレーム・パティシエールをホイッパーで軽くほぐし、1/3量ほどをゼラチンに加えて混ぜる。残りのクレーム・パティシエールに戻し入れ、しっかりと混ぜ合わせる。生クリームにクレーム・ドゥ・カシスを入れ、ホイッパーで9分立てになるまで泡立てたら、クレーム・パティシエールに加えてよく混ぜる。

02. 丸口金をつけた絞り袋にクレーム・ディプロマットを詰め、ブリオッシュの中心に20gずつ絞る。クレーム部分にカシスを3粒のせる。コンフィチュール・ドゥ・カシスを5gほど中心部に絞る。

03. もう1枚、ブリオッシュを重ねて置く。中心にクレーム・ディプロマットを10g絞る。クレームにカシスを2粒のせる。冷凍庫で1時間おく。

カシスのイタリアンメレンゲ

01. ミキサーボウルに卵白を入れ、中速のミキサーで攪拌する。並行して鍋にグラニュー糖、水あめ、水を入れ、115℃になるまで加熱しておく。

02. 卵白が泡立ってきたら、鍋のシロップを注ぎ、鳥のくちばしのようにツノが立つ8分立てになるまでさらに泡立てる。コンフィチュール・ドゥ・カシスを加える。ゴムべらを使って、片目口金をつけた絞り袋に詰める。

仕上げ

P.71の「Pas à pas」を参照。

NOTE

このレシピでは、オレンジのコンフィの代わりにカシスを使って酸味を加えています。もともとはしっかりとした甘さのある伝統菓子として知られていますが、カシスの酸味によって、調和の取れた味わいに仕上がっています。

Pas à pas

ポロネーズ オ カシスの組み立て

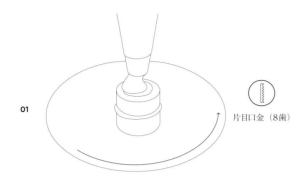

01 片目口金（8歯）

冷凍庫からブリオッシュを取り出し、回転台に置く。片手で台を回しながら、カシスのイタリアンメレンゲをドームの頂点になるところから絞っていく。ブリオッシュをすっぽりと覆うように下まで絞る。

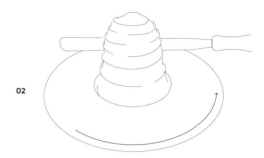

02

水平方向に持ったパレットを最上部のメレンゲにやさしく当てて、台を回転させる。パレットを下にずらしながら、均等なスパイラル模様に仕上げる。

03

アーモンドスライスをメレンゲの上から下まで螺旋を描くように1枚ずつ差し込んでいく。

04

同じように水気をきったカシスを7粒、飾りつける。

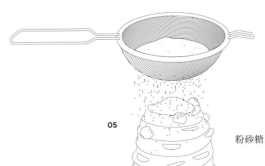

05

5分間 200℃

粉砂糖をふり、200℃に予熱したオーブンで5分ほど、メレンゲに焼き色がつくまで焼く。

Millefeuille noisette
ミルフイユ ノワゼット

ヘーゼルナッツの深みのある風味が好きで、昔から気に入っている食材のひとつです。フランスに渡ってきて、ヘーゼルナッツの味をしっかりといかしたいろいろな菓子と出会い、その多様さに気づきました。こうして見つけたものに背中を押されて作ろうと決めたのが、このミルフイユです。パリブレストに似た濃厚で深い味わいのクリームをベースにしつつ、フイユタージュ・アンヴェルセで軽さをもたせています。ヘーゼルナッツのプラリネを選んだのは、カリッとした食感を与え、サクサクしたパイ生地をさらに引き立てるためです。

分量（8人分）

必要な道具
丸口金（口径11mm）…1個

フイユタージュ・アンヴェルセ
フイユタージュ・アンヴェルセ…860g（P.172参照）
水あめ…80g

クレーム・ノワゼット
クレーム・パティシエール…560g（P.170参照）
ヘーゼルナッツプラリネ…480g
バター…320g

仕上げ
ヘーゼルナッツのヌガティーヌ…18粒
（P.132「ラ・タルト・オ・ショコラ」参照）
ヘーゼルナッツプラリネ…適量

フイユタージュ・アンヴェルセ

01. 生地を麺棒で厚さ2mmにのばし、52×34cmの長方形に整える。フォークでピケする。オーブンシートの上に置き、冷蔵庫で1時間休ませる。

02. オーブンを170℃に予熱し、12分焼いて、パイ生地をふくらませる。オーブンから取り出し、生地の上にオーブンシートを広げたら、天板などを置いて押さえる。オーブンに戻して10分焼き、半回転させてさらに5〜10分焼く。

03. 水あめはハケで塗りやすくするため、電子レンジ加熱して、サラサラとした液状にしておく。生地をオーブンから取り出し、上面にハケで水あめをムラなく塗る。オーブンに戻し入れ、5分ほど焼く。パイ生地を裏返し、こちらの面にも水あめを薄く塗る。オーブンに戻して5分ほど、水あめが乾くまで焼く。パイ生地を冷まし、粗熱が取れたら、22×16cmの長方形に切り分けて、3枚にする。

クレーム・ノワゼット

01. ミキサーボウルにクリーム・パティシエールとヘーゼルナッツプラリネ、室温に戻したバターを入れる。ホイッパーをつけた高速のミキサーで攪拌し、白っぽくなる手前で止める。泡立てすぎると、粘り気が失われ、口あたりが軽くなってしまうので注意。クリームは絞り袋に詰める。

仕上げ

01. パイ生地の上にクレーム・ノワゼットを玉状に絞っていく。1列につき10玉を7列分作る。もう一枚のパイ生地を上に重ね、同じようにクリームを絞る。3枚目のパイ生地を重ねて置き、同じようにクリームを絞る。

02. 別の絞り袋にヘーゼルナッツプラリネを詰め、袋の先端をハサミで少しだけ切っておく。クリームの玉の隙間を埋めるようにヘーゼルナッツプラリネを絞る。ノワゼット・ヌガティーヌをクリームの玉の上に1枚ずつ、1玉おきにのせていく。

NOTE
生地を焼いている途中に、天板などで上から押さえることで、均一な層に焼きあがります。また、サクサクとした食感を保つために、一般的には粉糖をかけて焼き色をつけますが、私のレシピでは、代わりに水あめを使うことで、焼き色にムラがでないように仕上げています。

MIDI

Baba mystérieux
ババ ミステリュー

「神秘的な島」というテーマから考案した菓子です。これは私が、フランスの人気番組「ル・メイユール・パティシエ〜レ・プロフェッショネル」に参加した回で出されたお題。ここからイメージしたのは、神秘的な島に実る謎の果実でした。また、クラシックなババ・オ・ラムをアレンジすることにあたってたどりついた、私なりの「答え」のひとつでもあります。ラムのように鼻を抜ける香りを持ちながら、アルコールではない材料はないだろうかと探し求め、思い当たったのがこのパッションフルーツ。さらに、マンゴーを加えることで生地をよりクリーミーに仕上げました。

分量（6個分）

必要な道具
シリコンドーム型（直径6×深さ3cm）…1枚
丸口金（口径12㎜）…1個

パータ・ババ
生イースト…6g
牛乳…75g
小麦粉 T55（ミノトリー・ヴィロン「ラ・トラディション・フランセーズ」）…150g
塩…3g
グラニュー糖…12g
A　バター…8g
全卵…81g
B　バター…30g

パッションフルーツのシロップ
水…500g
グラニュー糖…225g
パッションフルーツピュレ…100g
マンゴーピュレ…25g
レモンの果汁…50g

パッションフルーツのクレーム・パティシエール
クレーム・パティシエール…208g（P.170参照）
パッションフルーツピュレ…21g
マンゴーピュレ…42g

グラサージュ
ナパージュヌートル…128g
マンゴーピュレ…51g
パッションフルーツ…21g

組み立てと仕上げ
パッションフルーツ…3個
ココナッツファイン…適量

パータ・ババ

01. Aのバターは加熱して溶かし、30℃まで冷ましておく。ミキサーボウルに小麦粉、塩、グラニュー糖、牛乳で溶いた生イースト、溶かしたバターを入れる。フックを取りつけた中速のミキサーで5分こねる。冷やしておいた全卵を少しずつ加えながら、高速にしたミキサーでこね続ける。

02. 卵がしっかりと混ざり、生地がボウルの側面からはがれるようになったら、生地の弾力とグルテンの形成を確かめる。生地をやさしく引っ張ってみて、薄く透明な膜ができない場合はさらにこねる。

03. Bのバターを加えながら高速でこね、完全に混ざりきるまで続ける。生地をまとめ、別のボウルに移し、ラップで覆う。室温で20分休ませ、一次発酵させる。

04. 生地をゴムべらで混ぜてガスを抜きながらならす。口金をつけた絞り袋に詰めて、各ドーム型に約24gずつ絞る。室温（26℃）で40分休ませ、二次発酵させる。

05. 160℃に予熱したオーブンで20〜25分焼く。オーブンから取り出したら、ババを型から外し、ケーキクーラーにのせて冷ます。

パッションフルーツのシロップ

01. 鍋にすべての材料を入れ、80℃に熱する。グラニュー糖が完全に溶けたら、45〜50℃まで冷ます。

02. ババの丸い面を下にして、シロップに10分浸ける。ひっくり返して、さらに5分ほど、中心までシロップが染み込むように浸す。ババをシロップから上げたら、ケーキクーラーにのせて冷蔵庫に入れる。

パッションフルーツのクレーム・パティシエール

01. クレーム・パティシエールをダマがなくなる程度にほぐしておく。フルーツのピュレを加え、均一になじむまでよく混ぜる。絞り袋に詰める。

グラサージュ

01. ボウルにすべての材料を入れて混ぜ合わせたら、電子レンジで30℃まで温める。冷蔵庫からババを取り出し、すぐに温かいグラサージュをかける。

組み立てと仕上げ

01. パッションフルーツを半分に切り、果肉をくり抜いてボウルに出す。皮をよく洗い、器として使えるようにする。

02. ナイフを使って、皮の器の底が平になるように少し切り取っておく。器の内側にパッションフルーツの種を少し置く。パッションフルーツのクレーム・パティシエールを絞り入れる。

03. ババを器にのせ、種を少し散らす。仕上げにババの側面にココナッツファインを貼りつける。

NOTE
ババの生地を作るときには温度と発酵時間には細心の注意を払いましょう。また、ババは火を入れすぎると、パッションフルーツのグラサージュの色がくすんでしまうので気をつけてください。

Crème brûlée à la banane
クレーム ブリュレ ア ラ バナーヌ

子どものころ、親が連れて行ってくれた喫茶店のバナナのシェイクがとてもおいしかった思い出があります。バナナは乳製品や卵との相性が抜群の果物ですから、フランスでもバナナを使った菓子がもっと増えてきたらよいのにと思っています。
バナナのクレームブリュレのレシピは、私がプロとしてはじめて手がけた菓子の1つということもあって、特別な思い入れがあります。

2003年。まだ25歳のとき、働いていたパークハイアット東京でランチ用のデザートを考案することになりました。猛暑が続くので、さらりと食べられて、栄養価が高く、腹持ちのいい菓子にしたい。それなら、苦手な人が少ないバナナを使ってみようと考えて、試作を重ねました。このときに、バナナは乳製品とよく合い、クリーミーなテクスチャーがクレームブリュレと似ていることを学びました。キャラメリゼしたバナナをクレームの下のココット型の底部分におくと、果物の味わいがより引き立ちます。

分量（ココット型5個分）

必要な道具
ココット型（直径25×5×深さ3cm）…5個

コンポート・ドゥ・バナーヌ
グラニュー糖…20g
バター…15g
熟したバナナ…210g（皮を除く）
レモンの果汁…15g

クレーム ブリュレ
バニラビーンズ…1/3本
牛乳…200g
乳脂肪分35％生クリーム…200g
卵黄…75g
カソナード…60g
熟したバナナ…60g

仕上げ
カソナード…適量

コンポート・ドゥ・バナーヌ

01. キャラメルを作る。鍋にグラニュー糖を入れ、鍋をやさしくゆらしながら火にかける。泡が立ち始めたら火を止め、バターを加えて温度を下げる。均一になるまで混ぜる。

02. 3cm角に切っておいたバナナを加え、ホイッパーを使って潰す。レモンの果汁を加え、2分ほど混ぜながら中火にかける。鍋からボウルに移し、ラップを密着させてかぶせ、冷蔵庫に入れる。

03. 十分に冷えたら絞り袋に詰め、ココット型に50gずつ絞り入れる。

クレーム ブリュレ

01. バニラビーンズの種をこそげ取る。鞘と種を一緒に鍋に入れ、牛乳と生クリームを加えて、沸騰させる。

02. ボウルに卵黄とカソナードを入れてよく混ぜ合わせ、鍋に注ぎ入れる。

03. ボウルにバナナを入れ、ゴムべらを使ってなめらかで液状に近い状態になるまで潰す。鍋に加えて混ぜ合わせたら、ココット型に分け入れる。

04. ココット型をオーブン用の深い天板に並べる。ココット型の高さの2/3ほど浸かるまで水を注ぎ、155℃に予熱したオーブンで35分焼く。ココット型を軽くゆすってみてクレームが固まっているのが目安。オーブンから取り出して粗熱を取り、冷蔵庫で冷やす。

仕上げ

01. カソナードをクレームの表面にうっすらとふりかけ、バーナーで溶かす。

02. もう一度、表面全体にカソナードをふり、バーナーの火でキャラメリゼして、こんがりとしたキャラメルの層を作る。

NOTE
バナナはクレームブリュレのなめらかな食感をより濃厚なものにしてくれます。焼成後は十分に時間をおいて冷やさないと、しっかりと固まっていないことがあります。

Galette des Rois au citron
ガレット デ ロワ オ シトロン

毎年、エピファニー（公現祭）の時期には、たくさんのガレットを作ります。この菓子はクレーム・ダマンドやクレーム・パティシエールといった、フランス菓子の文化の基盤を成すもので構成されています。このような伝統的な菓子を買い求めるときに、日本人である私が作った菓子をあえて選ぶために、店に足を運んでくださることに大きな喜びを感じます。

パリに来たばかりのころ、タルト・トロペジエンヌと同様に、このシンプルな菓子にはあまり興味がもてませんでした。作り方も基本的だし、材料も限られています。しかし、フランスで暮らすなかで、このような祝祭用の菓子について、だんだんと理解が深まっていきました。そして、フランス菓子の基礎に立ち返り、私なりのアレンジに挑戦してみたいと思うようになりました。

分量（セルクル1台分）

必要な道具
丸口金（口径12mm）…1枚
セルクル（直径20cm）…1個

パイ生地の成型
フイユタージュ・アンヴェルセ…400g（P.172参照）

シトロン・セミコンフィ
レモンの果汁…40g（1個または2個分）
レモンの皮…60g
A　水…500g
グラニュー糖…80g
B　水…80g

フランジパーヌ・オ・シトロン
クレーム・パティシエール…71g（P.170参照）
クレーム・ダマンド…165g（P.177参照）
レモンの皮のすりおろし…1/2個分
シトロン・セミコンフィ…15g
フェーヴ…1個

組み立て
卵白…適量

ドリュール
卵黄…50g
乳脂肪分35%生クリーム…2.5g

パイ生地の成型

01. 麺棒でパイ生地を厚さ2mmにのばし、24cm四方の正方形を2枚作る。

シトロン・セミコンフィ

01. レモンの皮を5〜6mm角に切る。鍋にAの水を入れて沸騰させる。レモンの皮を浸して、苦味を取り除くために弱火で1分ほど煮る。湯切りをする。

02. 別の鍋に砂糖、レモンの果汁、Bの水を入れて、沸騰させる。湯切りしたレモンの皮を加え、中火で5分ほど煮る。ボウルに移して、ラップを密着させてかぶせ、冷蔵庫で冷やしておく。

フランジパーヌ・オ・シトロン

01. クレーム・パティシエールをホイッパーでほぐしておき、クレーム・ダマンドに加え、ゴムべらで全体が均一になるまでよく混ぜる。レモンの皮のすりおろしとシトロン・セミコンフィを加え、よく混ぜる。

02. フランジパーヌを絞り袋に詰める。天板の上にオーブンシートを敷き、その上に直径16cmのスパイラル状に絞っていく。フランジパーヌの中にフェーヴを隠し、冷蔵庫で15分おく。

組み立てと焼成

01. パレットを使って、フランジパーヌを正方形のパイ生地の中央にすべらせるようにしてのせる。ハケで生地の縁に卵白を薄く塗る。もう1枚の正方形のパイ生地を45度ほどずらして上に置く。フランジパーヌと生地の間に空気が入らないように注意しながら、縁をしっかり押さえてくっつける。冷蔵庫で15分冷やす。

02. 直径20cmのセルクルをガレットにかぶせ、縁をカットして円型に整える。卵黄と生クリームを混ぜてドリュールを作り、ハケで表面全体に塗る。半乾きの状態になるまで冷蔵庫におく。もう一度くり返して、ドリュールが乾くまで冷蔵庫におく。

03. ガレットを回転台の上に置き、中央に5mmの穴を開ける。ナイフの先端をガレットの中央にあてながら回転台を回して、ガレットの表面全体にスパイラル状の模様を描く。そのスパイラルの線上に蒸気を逃すための切れ目を等間隔で5つ、ナイフの切先で開けておく。ナイフで縁に軽く切り込みを入れていき、装飾をする。

04. 中央の穴にオーブンシートを丸めた小さな筒を差し込み、蒸気を逃がすための煙突を作る。170℃に予熱したオーブンで45分焼く。

NOTE
このガレットには私の「伝統的なフランス菓子」と「柑橘類」への愛が表われています。フランジパーヌをベースにしながらも、レモンのアクセントを効かせています。

Tatin d'or
タタン ドール

レシピにまつわる伝説を私はあまり信じていません。たとえば、タルト・タタンは偶然の失敗から生まれたといわれますが、そんなことが現実に起こりうるのでしょうか。菓子とは、星の数ほどのシェフの思考と挑戦の結晶以外の何ものでもないと私は思っています。

もしタタン姉妹がいまの時代を生き、私たちと同じ調理法と器具を使えたとしたら、どんなものを作ってくれるでしょう？　このレシピが私なりの答えです。

材料（マンケ型1台分）

必要な道具
マンケ型（直径20×高さ7cm）…1個
真空調理器…1台

タルト・タタン
フイユタージュ・アンヴェルセ…190g（P.172参照）
りんご（ゴールデンデリシャス）…1.5kg（皮と芯と種を除いた正味）
A　グラニュー糖…450g
　　NHペクチン…7g
　　レモンの果汁…27g
B　グラニュー糖…150g

クレーム・シャンティイ
乳脂肪分35%生クリーム…100g
マスカルポーネ…10g
グラニュー糖…9g
バニラビーンズ…1/4本

仕上げ
ナパージュヌートル…適量
シナモンパウダー…適量

タルト・タタン

01. 170℃にオーブンを予熱する。フイユタージュ・アンヴェルセを厚さ2mmにのばし、24cm四方の正方形に整える。天板にオーブンシートを敷いて、パイ生地を置き、オーブンで30分焼く。生地を直径20cmの型で抜く。

02. りんごの皮をむき、8等分のくし形に切り、芯を取り除いてボウルに入れる。Aのグラニュー糖とペクチンを混ぜ合わせ、レモン果汁とともに、りんごにかける。ムラができないように軽く混ぜておく。耐熱袋に入れ、真空調理器で真空パックにする。鍋に水を入れて沸騰させ、弱火にしたら、パックを浸けて20〜30分煮る。

03. 鍋から袋を取り上げ、シノワを使ってりんごの実とシロップに分ける。りんごの実はBのグラニュー糖をまぶし、マンケ型に敷き詰める。シロップは別のボウルに移しておく。

04. 鍋にシロップを入れ、60%の重量になるまで煮詰める。シロップを250gほど、りんごにかける。

05. 170℃のオーブンに入れて、45分焼く。

06. りんごの上に、01で用意しておいた円形のフイユタージュを置く。再びオーブンに入れ、30〜40分焼く。フイユタージュを少し持ち上げ、りんごの焼き色を確かめながら、焼成時間を調整する。焼き目が（レシピの名前にもなっている）金色になったところで火入れを止める。オーブンから取り出し、粗熱がとれたら冷蔵庫で冷やす。

クレーム・シャンティイ

01. ミキサーボウルに生クリーム、マスカルポーネ、グラニュー糖、バニラビーンズの種を入れて混ぜる。

02. ホイッパーを取りつけた高速のミキサーで、クレームが鳥のくちばしのようにツノが立つ8分立てになるまで泡立てる。

仕上げ

01. マンケ型を軽く火にあてて温め、型から生地を外しやすくしておく。タルトの上に皿を逆さにかぶせ、型と一緒にゆっくりとひっくり返す。ハケでタルトの上面にナパージュヌートルを塗る。

02. タルトを均等に切り分ける。小さじ一杯分のクレーム・シャンティイを添え、シナモンパウダーをひとつまみふる。

NOTE

真空パックを湯煎するときはりんごの形が崩れないよう、弱火にしてください。浸透圧によって、りんごに含まれる水分とグラニュー糖から「タルト・タタン」のステップ03で用いるシロップができます。

2 place du Palais Royal, Paris 1ᵉʳ - 14h15

14:00

P. 084　チーズケーキ　　P. 086　トンベ ダン レ ポム　　P. 090　サブレ ア ラ ノワ ドゥ ココ
P. 092　ルーレ オ フリュイ　　P. 096　ケーク オ シトロン　　P. 098　サントノレ ピスターシュ フランボワーズ
P. 102　ソリエス　　P. 106　ケーク アマンド エラーブル　　P. 108　アンタレス

GÂTEAUX

14:00

Cheesecake
チーズケーキ

フランス人の好みに合うチーズケーキを完成させるまでに3年かかりました。コース料理の「フロマージュ」のあとにサーブされる「デザート」で、チーズを使ったどんな菓子を出すことができるのか。私はフランスに渡ってからずっと悩んできました。ようやくたどり着いたのが、パークハイアット東京で当時作っていたニューヨーク・チーズケーキを発展させたこのレシピです。

分量（マンケ型1台分）

必要な道具
マンケ型（直径21cm／高さ5.5cm）

サブレ・オ・ミエル
全粒粉…37g
小麦粉T55（ミノトリー・ヴィロン「ラ・トラディション・フランセーズ」）…122g
ベーキングパウダー…3.7g
塩…0.5g
バター…49g
はちみつ…25g
カソナード…37g
水…27g

チーズケーキの土台
サブレ・オ・ミエル…123g
スペキュロス…23g
カソナード…56g
バター…43g

チーズケーキのアパレイユ
クリームチーズ…484g
クレーム・エペス…64g
卵黄…59g
A　グラニュー糖…56g
　　コーンスターチ…7g
　　レモンの皮のすりおろし…1/2個分
卵白…103g
B　グラニュー糖…56g

サブレ・オ・ミエル（前日に準備）

01. 全粒粉、小麦粉、ベーキングパウダーをミキサーボウルに合わせてふるい入れ、塩を加える。鍋にバター、はちみつ、カソナードを入れ、火にかけて溶かし、ボウルに注ぎ入れる。フラットビーターを取りつけた低速のミキサーで混ぜ合わせる。生地がまとまってきたら、分量の水を加え、全体が均一になるまで低速でさらに混ぜる。

02. 生地を作業台に取り出し、麺棒で厚さ5mmにのばす。包丁と定規を使って、一辺5cmの正方形に切り分け、オーブンシートを敷いた天板に並べていく。

03. 165℃に予熱したオーブンで15〜18分焼く。

チーズケーキの土台（前日に準備）

01. 焼成したサブレ生地、スペキュロス、カソナードをミキサーボウルに入れる。鍋にバターを入れて火にかける。沸騰したら先のボウルに加え、フラットビーターを取りつけた低速のミキサーで混ぜ合わせる。バターがしっかりと混ざり、サブレのかけらがどれも1cm角程度になったら、ミキサーを止める。

02. オーブンシートを敷き込んだマンケ型に生地を250g入れる。厚みが均等になるように、カードで生地の表面を整える。

チーズケーキのアパレイユ（前日に準備）

01. ミキサーボウルにクリームチーズを入れ、フラットビーターを取りつけた低速のミキサーでやわらかく、なめらかな質感になるまで混ぜる。クレーム・エペスを加え、均一になるまで低速で混ぜ続ける。途中、ゴムべらでボウルの底をすり混ぜてクリームチーズが残らないようにする。

02. 別のボウルに卵黄を入れ、あらかじめ混ぜ合わせておいたAの砂糖とコーンスターチ、レモンの皮のすりおろしを加えて混ぜ合わせる。01のボウルに5回に分けて加え、その都度よく混ぜ合わせる。

03. 卵白を新しいボウルに入れ、ホイッパーで混ぜる。Bの砂糖を3回に分けて加えながら泡立て、9分立てのメレンゲを作る。01のボウルに加えたら、フラットビーターを取りつけたミキサーで全体が均一になるまで混ぜ合わせる。

04. 比重を量るため、グラスに100gの水を注ぎ、その水位に印をつけ、グラスを空にしておく。03の生地をゴムべらで空気を含ませるようにさっくり、ふんわり混ぜる。生地をグラスの印まで入れて、重さを量る。理想的な重量は78〜80g。生地の密度が高いと火が通りづらく、食感も重くなってしまうので混ぜすぎに注意。重量が軽かった場合には、もう少しゴムべらで混ぜてから再び計量するとよい。仕上がった生地をマンケ型に流し込み、カードで表面を平らに整える。

05. オーブンを180℃に予熱する。深さのあるバットに型を置き、型の高さの1/4が浸かる程度に湯を張る。オーブンに入れたらすぐに温度を140℃に下げ、2時間30分ほど、湯煎焼きにする。焼成中に水が足りなくならないように注意すること。

06. 型を湯から上げて粗熱を取る。オーブンシートとチーズケーキの間にナイフの刃をぐるりと入れる。室温で1時間休ませたら、冷蔵庫にひと晩おく。

仕上げ

01. 型を湯にそっと浸して温めてから、ケーキを外す。切り分ける際は、刃を火で熱した包丁やナイフを使うとよい。

14:00

Tombé dans les pommes
トンベ ダン レ ポム

フランスの料理番組「ル・メイユール・パティシエ〜レ・プロフェッショネル」に参加したときに作った菓子です。テーマ食材として出されたりんごの可能性を最大限に引き出すために、いろいろな調理法でアプローチしてみようと考えました。

ゆずとレモンのシロップを使った真空調理でフレッシュさを引き立てながら、さらにりんごのムースにピュレを加え、果実のジューシーさを引き出しています。このみずみずしい食感が、パリッとしたパート・フィロと面白いコントラストを生みだします。

分量（タルト型10個分）

必要な道具
シリコンタルト型（直径7×底面6×高さ1.5cm）…1枚
タルトリング（直径8×高さ1.5cm）…10個
真空調理器…1台

ポム・コンフィトゥ
青りんご（グラニースミス）…1玉
レモンの果汁…25g
グラニュー糖…50g
水…50g

ムース・ドゥ・ポム
グラニュー糖…60g
A 水…12g
卵白…30g
粉ゼラチン…8g
B 水（50℃の湯にする）…41g
青りんごピュレ（グラニースミス）…295g
ポモー（アルコール度数12％）…18g
乳脂肪分35％生クリーム…147g

コンポテ
りんご（ゴールデンデリシャス）…正味135g
グラニュー糖…41g
ゆず果汁…2.5g

→

ポム・コンフィトゥ

01. りんごを3等分のくし形に切る。芯を取り除き、スライサーを使って2mmの厚さにスライスする。

02. 鍋にレモンの果汁、グラニュー糖、水を入れて沸騰させ、シロップを作る。火を止め、70℃まで冷ます。

03. りんごのスライスをシロップに30秒ほど浸す。ペーパータオルにのせて水気をきる。各タルト型にりんごのスライスを少しずつ重なるようにして3枚置く。

ムース・ドゥ・ポム

01. イタリアンメレンゲを準備する。鍋にグラニュー糖とAの水を入れて火にかけ、シロップが115℃に達するまで加熱する。ミキサーボウルに卵白を入れ、ホイッパーを取りつけた高速のミキサーで撹拌する。シロップをボウルの内側に沿わせるようにして少しずつ注ぎ入れる。ツノが立ち、8分立てになったらミキサーを中速に落とし、メレンゲが常温になるまで撹拌を続ける。

02. 粉ゼラチンはBの湯で溶かす。ボウルに青りんごのピュレとポモーを入れて混ぜ、1/3量をゼラチンに注いでよく混ぜてから、ボウルに戻し入れる。生クリームを8分立てに泡立ててボウルに加え、01のイタリアンメレンゲを加えて混ぜ合わせる。タルト型に注ぎ入れ、冷凍庫で2時間冷やす。

コンポテ

01. りんごの皮をむいて4等分に切り、芯を取り除き、6mmの厚さにスライスする。ボウルにりんごのスライス、グラニュー糖、ゆず果汁を入れて、やさしくまぶす。

02. 真空調理用のパックに移し、調理器にかける。パックを90℃の湯に5分浸けて、シロップをりんごにしっかりと染み込ませる。

→

「私にとって、新しいレシピや菓子ができ上がったという瞬間は、まだ創作の途中にすぎません。新しい菓子は、お客さまに受け入れられ、認められたときに初めて完成するものだと考えているからです」

フランパジーヌ
クレーム・パティシエール…60g（P.170参照）
クレーム・ダマンド…140g（P.177参照）

タルトの土台
バター…適量
パート・フィロ…6枚

組み立てと仕上げ
クレーム・パティシエール…200g（P.170参照）
ナパージュヌートル…適量
パート・フィロの切れ端…適量

フランパジーヌ

01. ホイッパーでクレーム・パティシエールをほぐしてから、クレーム・ダマンドを加える。ゴムべらで全体が均一になるまでよく混ぜ合わせる。

タルトの土台

01. パート・フィロに溶かしたバターを薄く塗る。その上にもう1枚のパート・フィロを重ねる。さらにバターを塗り、もう1枚重ねる工程をくり返す。生地の表面を手でならして空気を抜く。

02. 同じ方法で残った3枚のパート・フィロも重ね、もう1セット作る。

03. （2セットのパート・フィロから）11cm四方の正方形の生地を10枚切り出す。タルトリングに敷き込み、側面に沿って小さなひだを作る（ひだの作り方はP.178参照）。タルトの土台にフランジパーヌを20gずつ絞る。

04. オーブンを165℃に予熱する。飾りつけに使う生地の切れ端と一緒にタルトの土台を15分焼く。

組み立てと仕上げ

01. タルトの粗熱が取れたら、クレーム・パティシエールを絞り袋で20gずつ絞っていく。

02. コンポテを2切れ置き、軽く押してクリームに埋める。

03. ナパージュヌートルを電子レンジで30℃に温める。ムース・ドゥ・ポムを冷凍庫から取り出して、ナパージュヌートルに浸し、タルトの土台に置く。

04. 飾りつけ用のパート・フィロを砕き、ムースの周囲に貼りつけて飾る。

NOTE
ムースに入っているりんごのピュレの分量が多いため、メレンゲはしっかりと泡立てること。りんごのピュレの色は変わりやすいので、ムースは手早く準備し、すぐに冷凍庫に入れるように注意してください。りんごの品種は、グラニースミスがおすすめ。酸味がこのレシピにとてもよく合っています。

Tombé dans les pommes トンベ ダン レ ポム

14:00

Sablés à la noix de coco
サブレ ア ラ ノワ ドゥ ココ

フランスの発酵バターに出会ったときの驚きを今でもはっきりと覚えています。パリに来るまで、日本のバターとこんなにも大きな違いがあることを私は知りませんでした。フランスのバターは香りが芳醇で、口の中にふわっと広がります。菓子にも独特な味わいをもたらしてくれます。

このバターの感動をふと思い出すたびに、私は新しいレシピを考えてみたくなるのですが、このサブレもそのひとつです。口に運ぶと、噛む前にほとんど溶けてしまうような軽い食感で、ココナッツの上品な余韻がほんのり残ります。おいしさの秘訣は、ココナッツの風味とほろっと崩れるような生地、そしてもちろん、バターの香りと味わいのバランスにあります。

分量（40枚分）

パータ・サブレ
バター…100g
粉糖…40g
卵黄…13g
バニラエッセンス…1g
ココナッツファイン…100g
小麦粉 T45（薄力粉）…100g

仕上げ
グラニュー糖…適量

パータ・サブレ

01. ボウルに室温に戻したバターと粉糖を入れて混ぜ合わせる。卵黄とバニラエッセンスを加えて混ぜ、ココナッツファインを入れて混ぜる。小麦粉をふるい入れ、しっかりと混ぜ合わせる。

02. 生地を170gずつ2等分し、転がして長さ30cmの円柱状にまとめる。ラップで包み、冷蔵庫に1時間おく。

焼成と仕上げ

01. オーブンを160℃に予熱する。ラップを外し、生地をグラニュー糖を敷いた台の上に転がして、表面全体にまぶす。

02. 1.5cm幅に切り、オーブンシートを敷いた天板に並べ、18分焼く。

14:00

Roulé aux fruits
ルーレ オ フリュイ

私のお店でおこなう「ラ・トゥッシュ・ジャポネーズ」という日本風にアレンジしたフランス菓子を提案するイベントで作るケーキです。日本では菓子にフレッシュなフルーツをよく使用しますが、このレシピのようにフランスの果物で作ってもおいしいと思っています。

フランスではあまり見かけないタイプの菓子ですが、使っている果物は市場で広く出まわっているものばかりです。フルーツの風味をバランスよく調和させたロールケーキはお客様にとても喜ばれている一品。笑顔とおいしいは世界共通です。

分量（カードル1個分）

必要な道具
カードル（56×36cm）…1個
丸口金（口径12mm）…1個

ビスキュイ・スフレ
牛乳…161g
バター…88g
小麦粉T45（薄力粉）…124g
ベーキングパウダー…6.3g
A　卵白…79g
　　卵黄…187g
　　グラニュー糖…179g
　　卵白パウダー…3.5g
B　卵白…323g

クレーム・フエテ
乳脂肪分35%生クリーム…252g
マスカルポーネ…25g
グラニュー糖…22g

組み立て
いちご…130g
キウイ…1/2個
マンゴー…1/3個
バナナ…2本
クレーム・パティシエール…100g（P.170参照）
仕上げ用粉糖…適量

ビスキュイ・スフレ

01. 鍋に牛乳とバターを入れて沸騰させる。ミキサーボウルに煮立たせた牛乳液を注ぎ入れ、ふるっておいた小麦粉とベーキングパウダーを加える。ホイッパーを取りつけた中速のミキサーで撹拌する。

02. 鍋でAの卵白と卵黄を約30℃に温める。01のボウルに加えて、全体が均一になり、なめらかでやわらかいシュー生地のようになるまで混ぜ続ける。

03. グラニュー糖と乾燥卵白を丁寧に混ぜ合わせる。Bの卵白を白っぽくなるまで泡立て、混ぜておいた乾燥卵白を加え、9分立てのメレンゲになるまで泡立てる。メレンゲと01のスフレ生地をゴムべらで素早く混ぜ合わせ、均一な生地にする。

04. オーブンシートを敷いた天板にカードルを置き、生地を流し入れ、パレットを使って生地をムラなく広げていく。170℃に予熱したオーブンで18分焼く。表面にこんがりとした焼き色がつき、触れてみて弾力が感じられるくらいが焼き上がりの目安。オーブンから取り出す。

05. カードルと生地の間にパレットをそっとすべらせ、型から外す。ケーキクーラーの上で10分休ませる。焼き色がついた面にラップを密着させてかぶせ、室温で少なくとも1時間おく。

06. ビスキュイからラップをはずし、手のひらで焼き色がついた表面を慎重にはがす。生地を半分に切り、28×36cmほどの長方形にする。

クレーム・フエテ

01. ミキサーボウルに生クリーム、マスカルポーネ、グラニュー糖を入れる。ホイッパーを取りつけた高速のミキサーで9分立てになるまで撹拌する。

NOTE

フルーツのロールケーキを2本作る場合は、長方形にカットした生地の2枚目も使い、フィリングの量を2倍にします。しっかりと泡立てたメレンゲとシュー生地を合わせる工程では、手早く混ぜ、メレンゲがなくなったところで止めてください。生地は裂けやすいので、巻くときに引っ張りすぎないように注意。

組み立てと仕上げ

P.94の「Pas à pas」を参照。

→

Pas à pas
ルーレ オ フリュイの組み立て

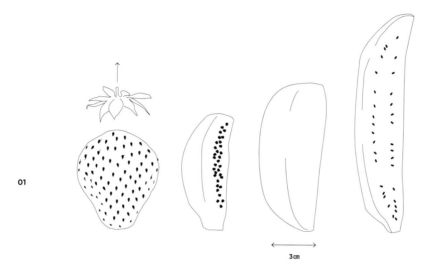

01　いちごのヘタを取る。キウイの皮をむき、6等分のくし形に切る。マンゴーの皮をむき、3cm幅に切る。バナナの皮をむき、縦に2等分し、端を切り落とす。

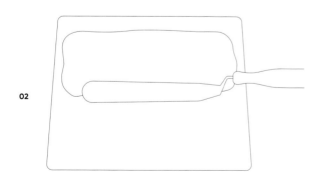

02　ビスキュイ・スフレの焼き面をはがした側にクレーム・フエテを塗り広げる。

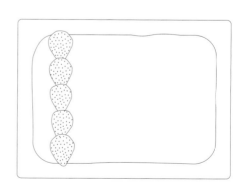

03　いちごを端から並べていく。

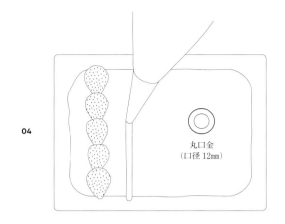

丸口金
（口径12mm）

丸口金をつけた絞り袋にクレーム・パティシエールを詰める。いちごから1cmほど離して線状に絞る。

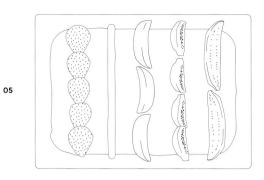

それぞれ1cmずつ間をあけて、マンゴー、キウイ、バナナを縦に並べる。

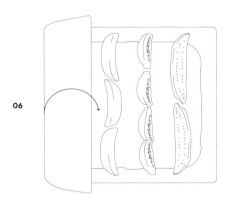

生地をいちごの側から巻き始める。

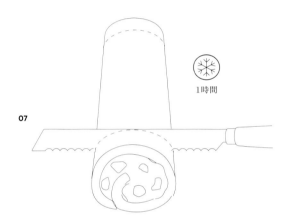

1時間

1時間冷蔵庫におく。クレーム・フエテが固まったら、両端の4cmを切り落とし、長さ20cmのロールケーキにする。

仕上げ用粉糖をふる。

14:00

Cake au citron
ケーク オ シトロン

王道のケーク・オ・シトロンを作りました。これを出していないパティスリーはないというほど、フランスでこよなく愛されている菓子のひとつでしょう。しっとりとした口あたりが好まれるフランスでは、焼きあげた生地をレモンのシロップに浸すようにすすめるレシピをよく見かけます。この調理法はレモンの味わいを生地に与えることができますが、いまひとつ香りを活かしきれていないと感じていました。

そこで私は、レモン果汁から作った「グラサージュ・ロワイヤル」を使う方法を考えました。レモンの酸味をはっきりと表現しながら、香りを閉じこめられます。生地にレモンの皮を練り込むことで生まれる香りが口のなかで広がって、レモンの輪郭がはっきりと浮かんできます。

分量（2本分）

必要な道具
ケーキ型（16×8×高さ7cm）…2個

アパレイユ
グラニュー糖…295g
レモン…2個
マスカルポーネ…125g
塩…0.2g
全卵…210g
小麦粉 T45（薄力粉）…113g
小麦粉 T55（ミノトリー・ヴィロン「ラ・トラディション・フランセーズ」）…113g
ベーキングパウダー…8g
ラム酒…27g
バター…84g

焼成
バター…適量

グラサージュ・ロワイヤル
レモン果汁…24g
粉糖…120g

アパレイユ

01. すりおろしたレモン2個分の皮をボウルに入れ、グラニュー糖を加えて混ぜておく。ミキサーボウルにマスカルポーネ、塩、混ぜておいたボウルのレモンを入れて、ホイッパーを取りつけた高速のミキサーでなめらかになるまで混ぜる。

02. 別のボウルに全卵を入れる。湯せんに浮かべ、30℃になるまでホイッパーで混ぜる。卵液をミキサーボウルに加え、高速のミキサーでグラニュー糖が溶けきるまで混ぜ合わせる。

03. あわせてふるった粉類を02のミキサーボウルに加え、粉けがなくなるまでミキサーで混ぜたら、ラム酒を注ぐ。別のボウルに50℃に温めたバターを入れ、生地の1/4量を加えてしっかりと混ぜる。ミキサーボウルに生地を戻し入れ、全体が均一になるまでよく混ぜる。

焼成と仕上げ

01. オーブンを160℃に予熱する。ケーキ型にバターを塗り、小麦粉で打ち粉をしてから生地を流し込む。オーブンシートを円錐状にして作ったコルネに、ポマード状のバターを入れ、先端を少し切っておく。生地の表面の中央に、上から下へとバターを線状に一本絞る。

02. オーブンに入れて160℃で20分焼く。ケーキの表面に焼き色がつき、細かく泡立ち出すくらいが焼き加減の目安。

03. ケーキをふくらみやすくするためにバターを絞った部分にナイフで1本切れ目を入れ、さらに20〜25分焼く。オーブンから取り出し、室温で10分ほど粗熱を取ったら、型から外して冷蔵庫に入れる。

04. レモンの果汁と粉糖を混ぜてアイシングを作り、20℃に温める。冷やしておいたケーキにハケで薄い層を作るようにグラサージュを塗る。100℃のオーブンで10分焼く。

NOTE
レモンの香りと酸味をより際立たせるため、グラサージュ・ロワイヤルに、スタンダードなレシピで用いられる水の代わりにレモン果汁を使っています。

14:00

Saint-honoré pistache-framboise

サントノレ ピスターシュ フランボワーズ

フランスに渡ってから、サントノレをいたるところで目にするようになりましたが、それほど興味をそそられませんでした。パータ・シューとクレーム・パティシエールを組み合わせた菓子ならば、パリブレストやミルフイユの方が私の好みだったのです。しかし、この昔ながらの菓子がフランスのパティスリーに欠かせないものであることもわかっていました。自分のお店を出すとき、ピスタチオとラズベリーをかけ合わせて、オリジナルのサントノレを作って見たいと思ったのです。

分量（6個分）

必要な道具
丸口金（口径12mm）…1個
星口金（口径15mm）…1個
シリコンドーム型（直径4×高さ2cm）…1枚
抜き型（直径7.5cm）…1個

フイユタージュ・アンヴェルセ…120g
（P.172参照）

シュー
パータ・シュー…400g（P.171参照）
クラクラン…（P.126参照）

クレーム・パティシエール・ア・ラ・フランボワーズ
クレーム・パティシエール…262g（P.170参照）
乳脂肪分35％生クリーム…79g
冷凍フランボワーズ…59g

クレーム・ピスターシュ
A　乳脂肪分35％生クリーム…66g
　　グラニュー糖…66g
　　粉ゼラチン…4.3g
　　水（50℃の湯にする）…22g
　　ピスタチオプラリネ…40g
　　マスカルポーネ…50g
B　乳脂肪分35％生クリーム…379g

→

クラクランとシュー

01. パータ・シューを準備する。オーブンの天板に直径3cmのシュー生地を18個分絞る。それぞれのシューに厚さ1mm、直径2.5cmの型で抜いたクラクランをかぶせる。170℃に予熱したオーブンで20分焼く。

クレーム・パティシエール・ア・ラ・フランボワーズ

01. ボウルに冷やしておいたクレーム・パティシエールを入れてほぐし、なめらかにする。生クリームは9分立てに泡立て、冷凍のフランボワーズは袋に入れてたたいて砕いておく。これらをボウルに加え、さっくりと混ぜ合わせる。

02. 丸口金をつけた絞り袋にクリームを詰める。シューの底の中心に穴を開け、たっぷりとクリームを詰め込む。

クレーム・ピスターシュ

01. 鍋にAの生クリームとグラニュー糖を入れて沸騰させる。粉ゼラチンを50℃の湯で溶かしておき、鍋に加えてよく混ぜる。ピスタチオプラリネをボウルに入れ、そこに鍋の1/2量を注ぎ入れる。よく乳化させたら、残りも加え、シノワでこす。

02. ボウルにマスカルポーネを入れて、ホイッパーでほぐす。Bの生クリームも加えてよく混ぜ合わせる。次に、01のクリームを加える。表面にラップを密着させてかぶせ、冷蔵庫で3時間冷やす。

→

「私の菓子は甘さが控えめだとよく言われますが、とりわけ砂糖を減らそうとしているわけではありません。砂糖の甘さの役割は、素材の味を引き立てること。ひとつの菓子において、それぞれの味の調和がとれたとき、自然と砂糖の存在感が薄まるのです」

ピスターシュ・クリスタリゼ

ピスタチオ…10g
グラニュー糖…50g
水…15g

シューのキャラメリゼ

砂糖…200g
水あめ…60g
水…40g
キャラメル色素…適量

仕上げ

フランボワーズ…適量
プラリネピスタチオ…適量
仕上げ用粉糖…適量

ピスターシュ・クリスタリゼ

01. ピスタチオを沸騰した湯に1分入れて取り上げる。鍋に砂糖と水を入れて混ぜる。火にかけて115℃まで加熱する。水気を切ったピスタチオを加えて、中火にかける。

02. 1〜2分ほど、へらで鍋のシロップをピスタチオにまとわせるように混ぜる。シロップの水分が蒸発し、白く結晶化してきたら、ピスタチオを天板に移して、粗熱を取る。

シューのキャラメリゼ

01. 鍋に砂糖、水あめ、水を入れて沸騰させる。適量のキャラメル色素を加え、170℃まで加熱する。5秒間、冷水が入ったボウルに鍋を浸けてキャラメル化を止める。

02. 温度が130℃くらいまで下がったら、クリームを詰めたシューをトングでつかみ、シューの上部をキャラメルに浸してコーティングする。そのコーティングした面をドーム型に押し込み、キャラメルの表面をなめらかに整える。しっかりと冷えて固まったら、シューを取り上げる。

組み立てと仕上げ

01. フイユタージュ生地を厚さ2mmにのばし、7.5cmの型で生地を6枚分抜く。オーブンシートを敷いた天板の上に生地を並べる。冷蔵庫で1時間おく。

02. 並べた生地をオーブンシートで覆い、その上にケーキクーラーを置く。こうすると焼成中に生地が膨らみすぎるのを抑え、均一な焼き上がりになる。170℃に予熱したオーブンで25〜30分焼く。オーブンから取り出したら、粗熱を取る。

03. 焼き上がった生地にキャラメリゼしたシューを3つのせる。3つのシューの中央にプラリネピスタチオを10g絞る。冷やしておいたクレーム・ピスターシュをツノが立つ程度に泡立て、星口金をつけた絞り袋に詰める。シューの間にたっぷりとクリームを絞る。中央部分には小さな塔を作るイメージでクリームを絞る。キャラメリゼしたピスタチオ5粒と、粉糖をふったフランボワーズ1粒を飾りつける。

NOTE ──────────────

クレーム・ピスターシュは十分に冷やしておき、撹拌はツノが立つ程度で止めることが大切です。泡立てすぎると、分離してしまうので注意しましょう。クリームは分離すると保形性が失われ、絞ったときに塔のような形を作ることができません。

Saint-honoré サントノレ ピスターシュ フランボワーズ

14:00

Solliès
ソリエス

私が尊敬してやまない偉大なるパティシエ、ピエール・エルメ氏の影響がはっきりと出ている菓子です。そしてまた、私の黒いちじくへの愛を形にした菓子でもあります。フランス旅行中に生まれて初めて黒いちじくを口にしたときの衝撃は、今でもまったく色あせることがありません。甘くてジューシー、香りもよいと、三拍子揃っていたのですから。日本に帰国後、私はさっそく店の庭にいちじくの苗を6つ植えて、実ったいちじくでタルトを作りました。

分量（6個分）

必要な道具
丸口金（口径12mm）…1個
セルクル（直径6.5cm）…1個

パータ・マカロン
グラニュー糖…409g
A　水…82g
B　卵白…150g
アーモンドパウダー…409g
粉糖…409g
C　卵白…164g
C　水…7g
食用色素（紫）…適量

クレーム・オ・ブール
グラニュー糖…120g
D　水…24g
卵白…60g
バター…375g

キャラメルソース
グラニュー糖…183g
乳脂肪分35%生クリーム…166g

→

パータ・マカロン

01. イタリアンメレンゲを作る。鍋に砂糖とAの水を入れ、115℃に達するまで加熱する。ミキサーボウルにBの卵白を入れ、ホイッパーを取りつけた高速のミキサーで撹拌する。もったりと泡立ってきたら、鍋のシロップをボウルの内側に沿わせるようにしてゆっくりと注ぎ入れる。高速のミキサーで8分立てに泡立てる。ミキサーを中速に落とし、メレンゲが常温になるまで混ぜ続ける。

02. アーモンドパウダーと粉糖を合わせてふるい、ボウルに入れる。常温に戻しておいたCの卵白と水を加えて、カードで全体が均一になるまで混ぜ合わせる。

03. カードを使って01のイタリアンメレンゲと02の生地を合わせてマカロナージュをする。マカロナージュは、外側から内側へと円を描くようにカードを動かし、生地をメレンゲで包み込んでいくとよい。少量の食用色素（紫）を加え、マカロナージュを続けながら、色味を整える。丸口金をつけた絞り袋に詰める。

04. オーブンシートにマカロンコックの目印として、直径6.5cmのセルクルをあてながら12個分の円を引く。シートを裏返して天板に敷き、目印よりも少し小さめに生地を絞っていく。台の上で天板をトントンと軽くたたき、生地を目印のサイズまで広げながら、表面をなめらかに整え、ムラをなくす。室温で2時間ほどおいて乾燥させる。

05. 150℃に予熱したオーブンで4分焼く。オーブンの扉を少し開けて、120℃まで温度を下げ、2分おく。扉を閉めたら、さらに15〜20分ほど焼く。オーブンから天板を取り出し、しっかりと冷ましてからマカロンコックを外す。

クレーム・オ・ブール

01. イタリアンメレンゲを先ほどと同じ手順（パータ・マカロン01参照）と材料で準備する。

02. 室温に戻して柔らかくしたバターをメレンゲに加え、全体が均一になじむまで泡立てる。

キャラメルソース

01. 鍋にグラニュー糖を入れ火にかけ、軽くゆらしながらグラニュー糖を溶かす。キャラメル色に変わり、表面を小さな泡が鍋を覆い始めたら火を止める。室温に戻しておいた生クリームを少しずつ、混ぜながら加えていく。よく混ぜてボウルにこし入れ、氷水にあてて冷ます。

→

「**30年後、私の提案した菓子がフランス伝統菓子の定番レパートリーの
ひとつとして数えられるようになっていること。それが私の夢です**」

クレーム・ムースリーヌ・オ・キャラメル
クレーム・パティシエール…200g（P.170参照）
キャラメルソース…100g
クレーム・オ・ブール…153g
オレンジの皮のすりおろし…適量

黒いちじくのコンフィチュール
黒いちじく…156g
グラニュー糖…94g

焼成と組み立て
黒いちじく（熟したもの）…6個
ナパージュヌートル…適量

クレーム・ムースリーヌ・オ・キャラメル

01. ボウルにクレーム・パティシエールを入れ、ホイッパーでほぐして柔らかくする。キャラメルソースとオレンジの皮のすりおろしを加える。ボウルを湯煎して26℃まで温める。湯煎からおろし、室温にしたクレーム・オ・ブールを加えて、優しく混ぜ合わせる。強く混ぜすぎると、クリームが分離してしまうので注意。丸口金をつけた絞り袋に詰める。

黒いちじくのコンフィチュール

01. いちじくを6等分に切る。グラニュー糖をまぶしてから、フォークですりつぶしていく。鍋に移して、糖度計が56°Bになるまで、とろ火にかける。糖度計が手元にない場合には、グラニュー糖がしっかり溶け、くつくつと沸き出してから1分ほど煮立たせる。ボウルに移したら、ラップを表面に密着させるようにかぶせ、冷蔵庫に入れる。

焼成と組み立て

P.105のページの「Pas à pas」を参照。

N O T E ——————————
「クレーム・ムースリーヌ・オ・キャラメル」01に記載したクレーム・パティシエールとクレーム・オ・ブールの温度にはくれぐれも注意してください。これを守らないと分離してしまいます。

Pas à pas
ソリエスの組み立て

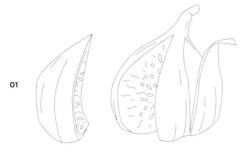

01 いちじくの皮をむき、8等分のくし形に切る。

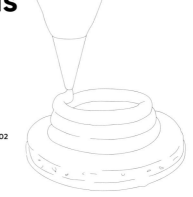

02 マカロンコックの中央にクレーム・ムースリーヌ・オ・キャラメルをリング状に3周分絞る。

丸口金
（口径12mm）

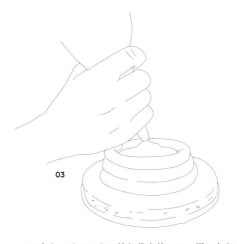

03 口金をつけていない絞り袋を使って、黒いちじくのコンフィチュールを中央の穴に10g絞る。

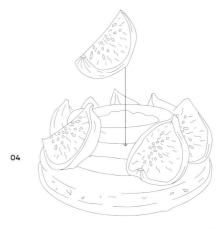

04 くし形切りにしたいちじくをクリームの周囲に貼りつける。

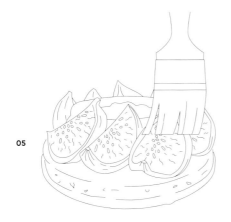

05 いちじくの表面にナパージュヌートルをハケで薄く塗る。

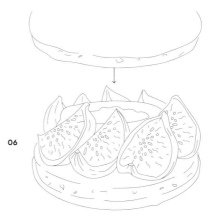

06 クレーム・ムースリーヌ・オ・キャラメルを中央のコンフィチュールにフタをするように絞る。マカロンコックをかぶせる。

14:00

Cake amande érable
ケーク アマンド エラーブル

メープルシュガーは、フランスでもっと知られていい素材ではないかと私は思っています。この香りをかぎ、味わったことがあれば、きっとわかってもらえるのではないでしょうか。メープルシロップよりも香りに深みがあり、ケーキの軽やかな食感にすばらしいコントラストを与えてくれます。このメープルシュガーの菓子を私が「ケーク」と呼ぶのは、使っている型の形によるものですが、実際にはパン・ドゥ・ジェーヌをベースにしたレシピです。

分量（ケーキ型2個分）

必要な道具
ケーキ型（16×8×高さ7cm）…2個

アパレイユ
パート・ダマンド…135g（P.177参照）
メープルシュガー…62g
カソナード…62g
全卵…170g
バター…125g
メープルシロップ…62g
ベーキングパウダー…3g
小麦粉T45（薄力粉）…70g
小麦粉T55（ミノトリー・ヴィロン「ラ・トラディション・フランセーズ」）…70g

グラサージュ
粉糖…120g
水…24g

アパレイユ

01. パート・ダマンドを電子レンジで軽く温めて柔らかくし、ミキサーボウルに入れる。メープルシュガーとカソナードを加え、ホイッパーを取りつけたミキサーで攪拌する。

02. 別のボウルに全卵を入れて軽く溶き、湯煎で30℃まで温める。ミキサーボウルに卵液の1/5量を加え、高速のミキサーでダマがなくなり、生地がなめらかにまとまるまで攪拌する。卵液の量が多すぎるとダマができやすくなるので注意。

03. ミキサーを高速の設定のまま、残りの卵液を2回に分けて加え、攪拌する。注ぎ入れるとき、ボウルの側面にはりついた生地もこそげ取って混ぜ込み、生地全体が均一になるようにする。生地が白っぽくなり、しっとりした質感に整ってきたところで、ミキサーを中速に変えて3分ほど攪拌しながら、生地をしっかりとなじませる。

04. さらに別のボウルに生地の1/3量を移して、50℃に温めておいたバターとメープルシロップを加えてなじませる。ベーキングパウダーと粉類をふるってから、残りの2/3の生地に加えて混ぜ合わせる。バターを加えた生地も戻し入れて、静かに混ぜる。あまり混ぜすぎないようにすること。

焼成と仕上げ

01. ケーキ型にバターを塗り、打ち粉をしておく。アパレイユを型に流し込む。160℃に予熱したオーブンで35分焼く。熱いうちに生地と型の間にナイフの刃を差し込み、そっとすべらすように一周させて、型から外しやすくする。室温で10分おいて粗熱を取る。型を逆さまにして、ケーキを出したら、冷蔵庫に入れる。

02. 砂糖と水を混ぜてグラサージュを作る。ケーキが冷えたら、ハケでグラサージュを薄く塗る。100℃のオーブンで10分焼く。

NOTE
卵とシロップは温めることで、ほかの材料と混ざりやすくなり、焼成時にケーキがよく膨らむようになります。

Anthares
アンタレス

日本ではハウス栽培が多く、いちごは冬の果物と考えられています。一般的に、日本人は甘い品種を好むため、糖度も非常に高いです。しかし、これらのいちごを菓子作りに使うと、風味がぼやけてしまうことも多いものです。フランスに渡り、こちらの酸味が際立つ旬のいちごを扱えるようになったのはパティシエとして新鮮で貴重な経験でした。このレシピでは、柑橘類を使っていちごの酸味をさらに引き立てています。

分量（ドーナツ型1台分）

必要な道具
カードル（56×36cm）…2個
抜き型（直径18cm）…1個
抜き型（直径6cm）…1個
シリコンドーナツ型（外径16cm、内径6cm）
シリコンドーナツ型（外径18cm、内径6cm）
丸口金（口径12mm）…1個

ビスキュイ・スフレ
牛乳…161g
バター…88g
小麦粉 T45（薄力粉）…124g
ベーキングパウダー…6.3g
A　卵白…79g
卵黄…187g
グラニュー糖…179g
卵白パウダー…3.5g
B　卵白…323g

コンポテ・ドゥ・フレーズ
いちご（中サイズ）…114g
※原書ではフランス産のガリゲット種を使用
ライムの果汁…50g
グラニュー糖…84g
粉ゼラチン…2.5g
水（50℃に湯にする）…13g

→

ビスキュイ・スフレ

01. 鍋に牛乳とバターを入れて沸騰させる。ミキサーボウルに煮立たせた牛乳液を注ぎ入れ、ふるっておいた小麦粉とベーキングパウダーを加える。ホイッパーを取りつけた中速のミキサーで撹拌する。

02. 約30℃に温めたAの卵白と卵黄をボウルに加え、よくなじむまで混ぜ続ける。シュー生地のような、もったりとしたやわらかい生地が目安。

03. グラニュー糖と乾燥卵白を丁寧に混ぜ合わせる。Bの卵白を白っぽくなるまで泡立てたら、混ぜておいた乾燥卵白を加え、9分立てのメレンゲになるまで泡立てる。メレンゲと01のスフレ生地をゴムべらで素早く混ぜ合わせ、均一な生地にする。

04. オーブンシートを敷いた天板の上にカードルを置き、生地を流し込む。パレットを使って、生地の表面をならしておく。170℃に予熱したオーブンで18分、表面がこんがりとした黄金色になるまで焼く。そっと触れてみて、弾力を感じられるくらいがオーブンから出す目安。

05. カードルと生地の間にパレットをやさしく差し込み、すべらせるように一周させ、生地を外れやすくさせる。ケーキクーラーに移して、10分休ませる。ビスキュイ生地の焼き色がついた表面にラップを密着させるようにかぶせて、室温で少なくとも1時間おく。

06. ビスキュイからラップをはずし、手のひらで焼き色がついた表面を慎重にはがす。直径18cmと6cmの型で生地がドーナツ型になるように抜く。

コンポテ・ドゥ・フレーズ

01. いちごはヘタを取り、丸ごと冷凍する。凍ったいちごをボウルに移して、ライムの果汁とグラニュー糖を加えたら、そのまま室温で解凍する。

02. 解凍したら鍋に入れ中火にかけ、沸騰したらすぐ火を止める。50℃の湯で溶いたゼラチンを加え、ゴムべらで優しく混ぜる。ボウルに移して、ラップを密着させてかぶせ、少なくとも3時間は冷蔵庫で冷やす。

03. いちご果肉片を6つ、そっと取り出し、18cmのドーナツ型の底に置いて冷蔵庫で冷やし固める。コンポートにほかにも果肉片が残っていたら、つぶしてジュレと混ぜ合わせておく。

クレーム・オ・シトロン・ヴェール

01. 鍋にライムピュレ、ライムの果汁、すりおろした皮を入れて沸騰させる。ボウルに全卵、卵黄、混ぜ合わせておいたグラニュー糖とコーンスターチを加えて、よく混ぜる。沸騰させたライムピュレの1/3量をボウルに注いでよく混ぜ、鍋に戻し入れる。中火にかけ、78℃に達するまで加熱する。火を止めてバターを加え、さらに50℃の湯で溶いた粉ゼラチンを入れて、しっかりと混ぜる。

→

クレーム・オ・シトロン・ヴェール

ライムピュレ…70g
ライムの果汁…70g
ライムの皮のすりおろし…1/3個分
全卵…76g
卵黄…70g
グラニュー糖…90g
コーンスターチ…9g
粉ゼラチン…2g
水（50℃の湯にする）…10g
バター…76g

ムース・ア・ラ・フレーズ

いちごピュレ…127g
ライムの果汁…10g
いちごのコンポート…19g
粉ゼラチン…6.2g
Ａ　水…31g
卵白…18g
グラニュー糖…25g
Ｂ　水…5g
乳脂肪分35％生クリーム…152g
マスカルポーネ…11g

ギモーヴ・ア・ラ・フレーズ

いちごピュレ…56g
転化糖…63g
グラニュー糖…85g
Ａ　水…13g
粉ゼラチン…6g
Ｂ　水（50℃の湯にする）…30g
クエン酸…0.6g（お好みで）
仕上げ用粉糖…適量

グラサージュ・フレーズ

いちごピュレ…60g
ナパージュヌートル…300g

飾りつけ

ライムの皮のすりおろし…1個分
いちご…適量

---

02. 01の鍋をシノワでこしてボウルに移す。ボウルを氷水にあてて6℃まで冷やす。300gを絞り袋に詰めて、16cmのドーナツ型に絞り入れ、冷蔵庫で表面が固まるまで1時間冷やす。

03. コンポートを湯煎で数秒ほど温め、12～15℃の液状にしてから絞り袋に詰める。固まったクレーム・オ・シトロン・ヴェールの上に60gほど絞る。冷凍庫で固まるまで冷やす。

ムース・ア・ラ・フレーズ

01. いちごピュレとライムの果汁を入れて混ぜる。いちごのコンポートを湯煎で数秒ほど温め、12～15℃の液状にしてから、ボウルに加えてなじませる。1/4量を取り、50℃の湯で溶いた粉ゼラチンと混ぜ合わせたら、ボウルに戻し入れる。

02. イタリアンメレンゲを作る。鍋にグラニュー糖とＢの水を入れ、115℃に達するまで加熱する。ホイッパーを取りつけたミキサーで卵白を泡立てる。白っぽく泡立ってきたら、鍋のシロップをボウルの内側に沿わせるようにして少しずつ加えながら、高速のミキサーで撹拌する。ツノが立ち、8分立てになったら中速に落とし、メレンゲが常温になるまで撹拌を続ける。

03. ボウルに生クリームとマスカルポーネを入れて、8分立てに泡立てる。01のピュレに加えて、混ぜ合わせる。02のイタリアンメレンゲに1/3量ほど加え、しっかりと混ぜ合わせる。ピュレのボウルに戻し入れ、手早く全体が均一になるように混ぜる。

04. 03のムースを絞り袋に詰めて、18cmのドーナツ型の3/4の高さまで、350gほど絞る。クレーム・オ・シトロン・ヴェールをムースの中心に沈めるようにぐるりと絞る。その上から少量のムースを絞って中に閉じ込める。表面をスプーンなどでならしておく。ドーナツ状にカットしたビスキュイスフレをのせてフタをしたら、冷凍庫において、固まるまで冷やす。

ギモーヴ・ア・ラ・フレーズ（前日に準備）

01. 鍋にいちごピュレ、転化糖、グラニュー糖、Ａの水、あらかじめＢの50℃の湯で溶いておいた粉ゼラチンを入れる。火にかけて、糖度計が67°Ｂになるまで煮る。糖度計がない場合には、沸騰させてから10分煮立たせる。火を止めて、好みでクエン酸を加えて、かき混ぜる。ミキサーボウルに移して、ホイッパーを取りつけた高速のミキサーで泡立てる。丸金をつけた絞り袋に詰める。

02. オーブンシートに目印として直径20cmの円を引き、シートを裏返して天板に敷き、仕上げ用粉糖をふる。目印の円に沿って01の生地を棒状に絞る。このとき、始点と終点がくっつかないように注意する。そのまま室温でひと晩乾かし、仕上げ用粉糖をふる。

グラサージュ・フレーズ

01. いちごピュレとナパージュヌートルを混ぜ合わせ、30℃に温める。

組み立てと飾りつけ

01. 冷凍庫から冷やし固めたドーナツ型を取り出し、型から外す。ケーキクーラーにのせ、グラサージュ・フレーズを塗る。

02. 皿に移し、周囲にギモーヴを巻く。

03. すりおろしたライムの皮をふり、いちごを中央の穴に飾る。

ＮＯＴＥ

ムースの中に隠されたライムの酸味は、いちごの甘みをバランスよく引きしめてくれます。一方で、いちごのコンポートは果実の香りの余韻を際立たせています。ムースは味が淡泊になると思われがちですが、このレシピでは、ライムのクレームによって味わいに奥行きを与えています。

Antharès アンタレス

3 rue de Mirbel, Paris V^e - 16h40

16:00

P. 114 サブレ ドゥ ブルトゥイユ　　P. 116 タルト オ シトロン　　P. 120 フィナンシェ オ ノワゼット
P. 122 パリブレスト オ シトロン　　P. 126 エクレール オ カフェ エ オ ショコラ　　P. 128 タルト フロランティーヌ
P. 132 ラ タルト オ ショコラ　　P. 134 ブラウニー　　P. 136 マカロン カカオ

GÂTEAUX

Sablés de Breteuil
サブレ ドゥ ブルトゥイユ

このサブレ・ドゥ・ブルトゥイユはバターと小麦粉の味わいを楽しむために作られたように思える菓子のひとつです。サブレは日本にいた頃から作っていましたが、フランスに渡り、こちらの食材を使ってみると、味や香り、食感が自然と豊かになりました。

国外から訪ねてきてくれたパティシエと会うときには、フランスの乳製品や小麦の味と風味を知ってもらいたくて、いつもこのサブレを出しています。

分量（18枚分）

必要な道具
抜き型（菊型、直径6㎝）…1個

パータ・サブレ
バター…50g
グラニュー糖…50g
塩…0.7g
牛乳…21g
小麦粉 T45（薄力粉）…100g
アーモンドパウダー…15g
ベーキングパウダー…1g

仕上げ
グラニュー糖…適量

パータ・サブレ（前日に準備）

01. ミキサーボウルに常温に戻したバター、グラニュー糖、塩を入れる。フラットビーターを取りつけた中速のミキサーで混ぜ合わせる。7gの牛乳を加えたら、しっかりと混ぜて乳化させる。残りの14gの牛乳も混ぜながら注ぎ入れ、乳化するまで混ぜ続ける。アーモンドパウダーを加える。あらかじめ合わせてふるっておいた小麦粉とベーキングパウダーを加えて、さっくりと混ぜ合わせる。

02. 生地をボール状にまとめて、ラップで包む。冷蔵でひと晩休ませる。

焼成

01. 冷蔵庫から出した生地を麺棒で厚さ4㎜にのばす。

02. 型で生地をサブレの形に抜く。バットに適量のグラニュー糖を広げ、そこで生地の両面にグラニュー糖をまぶす。天板にバターを塗り、サブレの生地を並べる。

03. 170℃に予熱したオーブンで15分焼く。

NOTE
とてもシンプルな味ですが、食感にレシピのオリジナリティがあります。小麦粉の香りを立たせるように、しっかりと火を入れ、ザクッとした歯応えに焼き上げたサブレの表面に砂糖をまぶすことで、ジャリッとした食感を楽しめるようにしています。

16:00

Tarte au citron
タルト オ シトロン

この菓子は自分の店をもったときから出していますが、今もなお、細部に修正を加えながら作り続けています。たとえば、レモンのコンフィをクレーム・シトロンの上に飾ってみる、といったふうに手を入れています。「不変のレシピ」というものは存在しません。あるのは現時点のベストなレシピだけなのです。

実感をもってこの貴重な教えを学べたのは、間違いなく、毎日作ってきたタルト・オ・シトロンのおかげでしょう。同じものを1000回作ってはじめて生まれるアイディアもあるし、2000回目に急に降りてくるアイディアだってあるのです。

分量（セルクル1台分）

必要な道具
セルクル（直径20×高さ2cm）…1個
抜き型（直径25cm）…1個
丸口金（口径6mm）…1枚
トーチバーナー…1本

パート・シュクレ…105g（P.176参照）

クレーム・シトロン
レモンピュレ…84g
レモンの果汁…36g
レモンの皮のすりおろし…1/2個分
全卵…67g
卵黄…60g
グラニュー糖…79g
コーンスターチ…8g
バター…67g

イタリアン・メレンゲ
グラニュー糖…90g
水…18g
卵白…60g

仕上げ
レモンのコンフィ…1個

パート・シュクレ

01. 生地は麺棒で厚さ2mmにのばし、直径25cmの型で抜く。セルクルに生地を敷き込み、フォークでピケする。

02. ペティナイフを使って、はみ出した部分を切り取る。165℃に予熱したオーブンで18〜20分焼く。

クレーム・シトロン

01. 鍋にレモンピュレとレモンの果汁、皮のすりおろしを入れて、沸騰させる。ボウルに全卵と卵黄を入れる。あらかじめ混ぜておいたグラニュー糖とコーンスターチを加えて、全体をよく混ぜ合わせる。

02. 鍋の1/3量をボウルに注ぎ入れ、しっかりと混ぜ合わせたら、鍋に戻し入れる。中火にかけ、混ぜながら78℃に達するまで加熱する。

03. 火を止め、バターを加えたら、シノワでこして新しいボウルに移す。ボウルを氷水にあてて6℃まで冷やす。冷蔵庫に入れて3時間おく。

イタリアン・メレンゲ

01. 鍋にグラニュー糖と水を入れて、115℃に達するまで加熱する。ミキサーボウルに卵白を入れて、ホイッパーを取りつけたミキサーで攪拌する。メレンゲが白っぽく泡立ってきたら、ボウルの側面から少しずつ、鍋で温めたシロップを流し入れる。高速のミキサーでツノが立つくらいの8分立てに泡立てる。ミキサーを中速に落とし、常温に下がるまで泡立て続ける。ゴムべらを使って、丸口金をつけた絞り袋に詰める。

組み立てと仕上げ

P.119の「Pas à pas」を参照。

NOTE
もしレモンピュレが手に入らない場合には、レモンの果汁で代用してもよいですが、レモン1個分の皮のすりおろしを加えること。このレシピでは、クリームにゼラチンを加えない伝統的な作り方をしています。たしかにゼラチンを使うことでなめらかな食感を得られるのですが、卵とバターから生みだされるクリーミーさは、ゼラチンのものとは比べものになりません。

→

Pas à pas

タルト オ シトロンの組み立てと仕上げ

01　クレーム・シトロンをタルトの土台に流し込む。

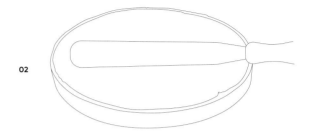

02　パレットで表面をなめらかに整える。

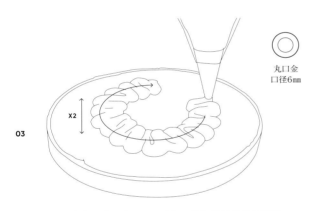

丸口金
口径6mm

03　タルトの中央にイタリアン・メレンゲをジグザグと左右に手を動かしながら絞っていき、輪を作る。同じようにジグザグと絞りながら2段目の輪も作る。

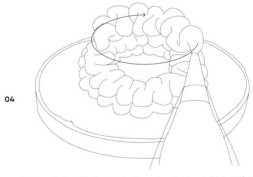

04　最後にもう一段分の輪を絞っていくが、小刻みに左から右へ、上から下へと手を動かしながら小さな雲の形をしたメレンゲを作る。

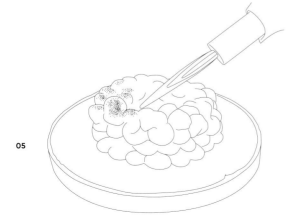

05　バーナーでメレンゲに軽く焼き色をつける。

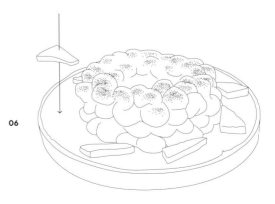

06　レモンのコンフィを切り分けて、メレンゲのまわりに盛りつける。

16:00

Financiers aux noisettes
フィナンシェ オ ノワゼット

なによりもまず、ヘーゼルナッツの風味を大事にした菓子です。フランスでヘーゼルナッツのおいしさと出会い、このフレッシュな香りと味の深みをさらに昇華させた新しいレシピを作ってみたいと思いました。

そのために、このレシピの材料にはピエモンテ産のヘーゼルナッツと皮つきのヘーゼルナッツパウダーを選びました。ナッツの香りを最大限に引きだし、自然な甘みを際立たせるようにしています。

分量（10個分）

必要な道具
シリコンフィナンシェ型（12×4×高さ2.5cm）…1枚

アパレイユ・ア・フィナンシェ
ヘーゼルナッツ…30g
バター…121g
卵白…182g
粉糖…182g
フルール・ド・セル…4g
ヘーゼルナッツパウダー…121g
小麦粉T55（ミノトリー・ヴィロン「ラ・トラディション・フランセーズ」）…61g

アパレイユ・ア・フィナンシェ

01. ヘーゼルナッツをオーブンの天板に重ならないように並べる。170℃に予熱したオーブンで10分ローストする。

02. ブール・ノワゼットを作る。鍋にバターを入れ、ヘーゼルナッツのような薄茶色になるまで加熱する。シノワでこしてボウルに移す。

03. 別のボウルに卵白と粉糖、フルール・ド・セルを入れて、ホイッパーで泡立てる。ボウルを湯煎に浮かべ、ホイッパーでやさしく混ぜながら40℃まで温める。

04. ヘーゼルナッツパウダーと小麦粉を合わせてふるい、03のボウルに加えて混ぜる。ローストしたヘーゼルナッツを大きめに砕いてボウルに加える。ブール・ノワゼットをボウルに注ぎ、ホイッパーでしっかりと混ぜたら、さらにゴムべらでボウルの底をかくように生地全体が均一になるまで混ぜる。室温で2時間ほどおき、火がムラなく通りやすくなるように生地から空気が抜けるのを待つ。

05. 型に薄くバターを塗り、生地を型の縁までぴったり注いでいく。170℃に予熱したオーブンで15〜18分、表面にこんがりと焼き色がつくまで焼く。

NOTE
このフィナンシェは味のコントラストを強調するため、ヘーゼルナッツのかけらを入れ、塩を比較的多めに使っています。さらに、スタンダードなフィナンシェ型よりも深いものを使用することで高さを出して、外はカリッと香ばしく、中はしっとりという食感に焼き上がるようにしています。
温かいうちに食べるのが一番おいしいので、家庭で作る場合にはぜひでき立てを食べてみてください。

16:00

Paris-brest au citron
パリブレスト オ シトロン

パリブレストは食感も味わいも重厚な、フランスの伝統菓子のひとつです。よく私の菓子を評価してくださるときのコメントに、昔ながらのレシピと比べて軽やかで甘さが控えめという声があります。しかし、そのような印象を受けるのは、菓子を構成する脂肪分と糖分のバランスが、例えば、柑橘類の香りを加えることによって、きれいにとれているからだと思っています。

私は、けっして「軽やかな菓子」を目指しているわけではありません。パリブレスト・オ・シトロンにおいても、砂糖やバターの分量をやみくもに減らしているのではなく、レモンを加えることで、調和がとれた立体的な味に仕上がるようしています。脂肪分がレモンの風味に広がりを与え、いっぽうでレモンは脂肪分の重たさをさっぱり軽やかにしてくれているのです。

分量（セルクル1台分）

必要な道具
セルクル（直径18cm）…1個
セルクル（直径15cm）…1個
星口金（直径15mm）…1個
星口金（直径8mm）…1個
シルパット…1枚
デコレーションコーム（波形5mm）…1枚
パータ・シュー…700g（P.171参照）
アーモンドチップ…適量

クレーム・プラリネ・オ・シトロン
バター…165g
クレーム・パティシエール…350g（P.170参照）
アーモンドプラリネ…125g
ヘーゼルナッツプラリネ…125g
レモンの皮のすりおろし…1/3個分

組み立て
クレーム・パティシエール…300g（P.170参照）
ヘーゼルナッツプラリネ…108g
仕上げ用粉糖…適量

パータ・シュー

01. 直径18cmのセルクルに薄力粉をつけ、あらかじめバターを塗っておいたオーブンの天板に置き、粉で目印をつけておく。これでシュー生地が絞りやすくなる。

02. 15mmの星口金をつけた絞り袋にシュー生地を詰め、目印の円に沿って絞っていく。生地の内側にシュー生地を絞ってもう1つ輪を作る。2本のシュー生地の輪の上にもう1つ輪を重ねるようにシュー生地を絞る。アーモンドチップをふりかけ、180℃に予熱したオーブンで45分焼く。

03. パリブレストの間にはさみ込む輪を作る。直径15cmのセルクルに薄力粉をつけ、あらかじめバターを塗っておいた別の天板に置き、粉で目印をつける。シュー生地を目印の円に沿って絞る。この輪の上に重ねてもう1つ輪を絞る。175℃のオーブンで20分焼く。

04. シリコン加工天板にパレットで約100gのシュー生地を軽くのばす。生地にデコレーションコームをあてて、細い線状に分ける。160℃のオーブンで12〜15分、こんがりとした色がつくまで焼く。

クレーム・プラリネ・オ・シトロン

01. ミキサーボウルにクレーム・パティシエール、柔らかくしておいたバター、アーモンドプラリネ、ヘーゼルナッツプラリネ、レモンの皮のすりおろしを入れる。

02. ホイッパーを取りつけたミキサーで白っぽくなるまで攪拌する。8mmの星口金をつけた絞り袋に詰める。

組み立てと仕上げ

P.124の「Pas à pas」を参照。

NOTE
シュー生地はまだ温かいうちに絞って形を作るように注意してください。冷えてしまうと固くなり、シュー生地の性質がまったく変わってしまいます。

Pas à pas

パリブレスト オ シトロンの組み立て

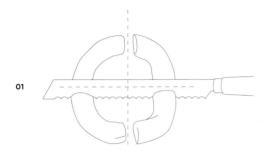

01　15cmのシュー生地を4分割する。

02　切り分けたそれぞれの生地にクレーム・パティシエールを注入する。

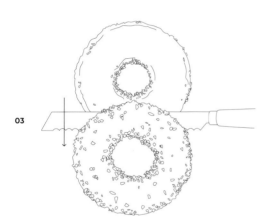

03　波刃包丁で18cmのシュー生地を上下半分に切る。

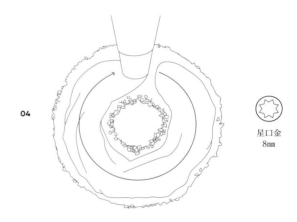

04　下半分のシュー生地にクレーム・プラリネ・オ・シトロンを絞る。

星口金 8mm

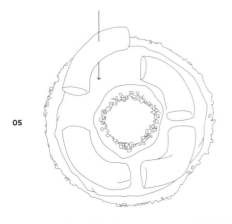

05　クレーム・プラリネの上に15cmのシュー生地を置く。

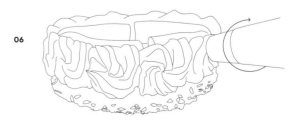

06　15cmのシュー生地の外周にクレーム・プラリネ・オ・シトロンをぐるりとローズ絞りする。
クリームの量は内側の生地をちょっと越えるくらいの高さが目安。

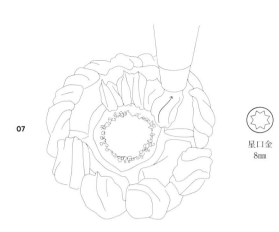

07 内側にもクリームを縦方向に絞る。シュー生地を軽く覆うように一周する。

星口金 8mm

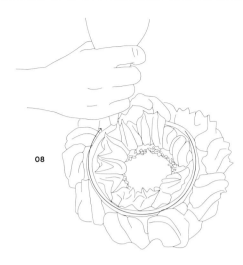

08 イラストのように外周のクリームと内側のクリームの間に細長く1本ずつぐるりと絞っていき、内側のシュー生地がクリームでだいたい包まれるようにする。

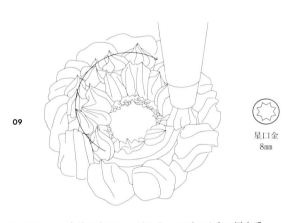

09 15cmのシュー生地の上にヘーゼルナッツプラリネの層を重ねるように絞る。クレーム・プラリネ・オ・シトロンをかぶせるように垂直に構えて絞っていく。

星口金 8mm

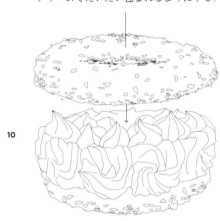

10 クリームに上半分のシュー生地をかぶせる。

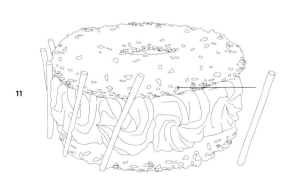

11 線状に焼いた生地を長さ8cmに切り分けて、パリブレストの周囲に飾る。

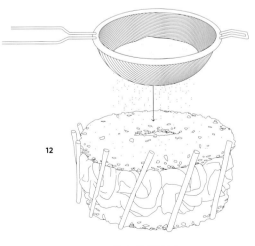

12 仕上げ用粉糖をふる。

16:00

Éclairs au café et au chocolat
エクレール オ カフェ エ オ ショコラ

フランス人が子どものころから親しんでいる菓子・エクレア。これでフランス人をうならせるのは、そう簡単なことではありません。私が初めてフランスを訪れたのは20歳のときでしたが、どこのパン屋にもコーヒーとチョコレートのエクレアがあるのだなと思ったことを覚えています。そのため、自分の店をもつことになったときも、ぜひエクレアを出したかったのです。

コーヒーのエクレアには、懐かしい味を楽しんでもらいたいので、あえてオーソドックスなコーヒーを使っています。チョコレートの方もオリジナリティや驚きを追求するということはしていません。目指したのは昔ながらのエクレアを再現すること。みんなが知っている、いつもの味を作りたかったのです。

分量（12本分）
【カフェ6本分／ショコラ6本分】

必要な道具
星口金（直径18mm）…1個

パータ・シュー…400g（P.171参照）

クラクラン
バター…106g
グラニュー糖…59g
小麦粉 T55（ミノトリー・ヴィロン「ラ・トラディション・フランセーズ」）…135g

クラクラン・オ・ショコラ
バター…106g
グラニュー糖…59g
小麦粉 T55（ミノトリー・ヴィロン「ラ・トラディション・フランセーズ」）…119g
カカオパウダー…15g

クレーム・オ・カフェ
クレーム・パティシエール…360g（P.170参照）
マスカルポーネ…40g
トラブリ・カフェエキストラ…17g
インスタントコーヒーの粉末…3g

クレーム・オ・ショコラ
クレーム・パティシエール…294g（P.170参照）
ダークチョコレート（ヴァローナ「グアナラ」カカオ分70%）…88g
マスカルポーネ…38g

チョコレート・プレート
ダークチョコレート…300g
ミルクチョコレート…300g

クラクラン／クランクラン・オ・ショコラ

01. ボウルに柔らかくしたバターとほかの材料をすべて入れて混ぜる。冷蔵庫で2時間おく。クラクラン、クランクラン・オ・ショコラともに同様にする。

02. クラクランを厚さ2mmにのばす。包丁で3×15cmの長方形を各6枚ずつ切り出す。

クレーム・パティシエール・オ・カフェ

01. インスタントコーヒーの粉末をカフェエキストラで溶く。ボウルに冷やしておいたクレーム・パティシエール、マスカルポーネ、準備したカフェエキストラを入れ、ホイッパーで混ぜ合わせる。なめらかに混ざったら、絞り袋に詰める。

クレーム・パティシエール・オ・ショコラ

01. 仕込みたてのまだ熱い状態のクレーム・パティシエールに、あらかじめ溶かしておいたチョコレートを加える。ホイッパーで素早く混ぜて乳化させたら、冷蔵庫においてしっかりと冷やす。マスカルポーネを加え、ホイッパーでなめらかな状態になるまで混ぜ合わせる。絞り袋に詰める。

チョコレート・プレート

01. ダークチョコレートとミルクチョコレートを別々にテンパリングする（P.180参照）。パレットを使って、それぞれギターシートの上にチョコレートを薄くのばす。

02. チョコレートがやや固まってきたら、3×16cmの長方形に切り分け、ダークチョコレートとミルクチョコレートそれぞれ6枚ずつ作る。

組み立てと仕上げ

01. 星口金をつけた絞り袋でシュー生地を15cmの長さに絞っていき、12本分作る。

02. シュー生地の上に長方形に切り出したクラクランを1枚ずつ置く。175℃に予熱したオーブンで25分焼く。

03. シュー生地の粗熱が取れたら、波刃包丁で上部中央あたりに長方形の切り欠きを作り、クレーム・パティシエールをたっぷり注入する。コーヒーとチョコレートを各6本ずつ作る。

05. コーヒーのクレーム・パティシエールを詰めたエクレアの上にミルクチョコレートのプレートをのせ、チョコレートのクレーム・パティシエールにはダークチョコレートのプレートをのせる。

NOTE

パータ・シューを作る際には、卵を3度に分けて加えるのが一般的ですが、このレシピでは1度にすべての卵を入れて作ります。

クレーム・パティシエール・オ・ショコラを作るときは温かい状態のクレーム・パティシエールとチョコレートを用意して混ぜ合わせるようにすると、きれいに乳化させることができます。もしクレーム・パティシエールが冷たい場合には、湯煎などで、30～40℃に温めてから使用するといいでしょう。

Tartes florentines
タルト フロランティーヌ

近頃フランスでは、クルミやアーモンド、ヘーゼルナッツ、ピーカンナッツなどを使った菓子をよく目にするようになってきました。この人気を眺めていて、ナッツを使った菓子作りの可能性を模索してみたいと思ったのです。

このタルト・フロランティーヌはベーシックな見た目ではありますが、口に運ぶとほんのりと香るオレンジの皮が、ナッツの味をはっきりと感じさせてくれるように工夫しています。また、一般的なレシピで使われるパータ・シュクレよりもサクッとして軽やかな食感を生むフイユタージュを生地に選ぶことで、ナッツとの相性をいっそうよいものにしています。

分量（6個分）

必要な道具
抜き型（直径11cm）…1個
セルクル（直径8cm）…6個

フイユタージュ・アンヴェルセ…480g（P.172参照）

ナッツ類
クルミ…60g
ピーカンナッツ…60g
ヘーゼルナッツ（皮つき）…30g
ピスタチオ…11g
干しぶどう…45g

キャラメル・フロランタン
乳脂肪分35%生クリーム…75g
はちみつ…45g
カソナード…75g
バター…75g
オレンジの皮のすりおろし…1/4個分

仕上げ
仕上げ用粉糖…適量

フイユタージュ（P.46参照）

01. フイユタージュ・アンヴェルセを厚さ2mmにのばす。型抜きで直径11cmの生地を6枚分切り出す。それぞれのセルクルに生地を敷き込んでいく。はみ出した部分はそのままにしておく。冷蔵庫で1時間、冷やし固める。

02. フォークで生地をピケする。生地の上にオーブンシートを敷き、タルトストーンを置く。170℃に予熱したオーブンで25〜30分焼く。

ナッツ類

01. 155℃にオーブンを予熱する。オーブンシートを天板に敷く。クルミとピーカンナッツを広げ、およそ25分ローストする。ものによって火の通り具合が異なるため、10分ほどローストしたところで、実を割って焼き色を確認するとよい。薄く色づいたら、火を止める。

02. 同じように155℃のオーブンでヘーゼルナッツを30〜35分ほど、ピスタチオを15分ほどローストする。どちらも薄く焼き色がついたら火を止めてOK。ヘーゼルナッツは粗熱が取れたら、両手ではさんでこすり、皮をむく。干しぶどうは、くっついているものがあれば、バラしておく。

キャラメル・フロランタン

01. 鍋に生クリーム、はちみつ、カソナード、バターを入れ、火にかけて混ぜながら煮詰める。温度が110℃に達したら火を止め、オレンジの皮のすりおろしを加える。次にローストしたナッツ類と干しぶどうを加え、ナッツをくずさないようにやさしく混ぜ合わせる。

組み立てと仕上げ

01. 焼いたタルトの底にキャラメル・フロランタンを65gずつ、ナッツ類とキャラメルの量にムラができないように注意しながら流し込む。160℃に予熱したオーブンで16分焼く。

02. オーブンからタルトを出し、粗熱を取る。仕上げ用粉糖をタルトの縁に軽くかける。

NOTE

フロランタンはナッツが使われた、歯ごたえのあるキャラメルの菓子というイメージがあります。しかし、このタルトを食べると、その印象がちょっと変わるかもしれません。ナッツの焼成時間とキャラメルの火入れ調整によって、なめらかなフロランタンに仕上げています。柔らかな食感を保つため、レシピのキャラメルの加熱温度をしっかりと守りましょう。

16:00

La tarte au chocolat
ラ タルト オ ショコラ

あらゆる材料の中でチョコレートはパティシエにとって特別な存在。このタルトのレシピは、すべての材料がカカオの味を引き立てるように考案しました。薄めのパート・シュクレ・ショコラの食感と、2種のガナッシュ、プラリネが口のなかで味わいのグラデーションを描きます。タルトの層はシンプルですが、香りと味の構造を考えに考えて生みだした自信作です。

分量（セルクル1台分）

必要な道具
楕円型セルクル（24×8×高さ2cm）…1個
ギターシート…1枚
丸口金（口径7mm）…1個

パート・シュクレ・オ・ショコラ…105g（P.176参照）
ヘーゼルナッツプラリネ…10g

ノワゼット・ヌガティーヌ
ヘーゼルナッツ（殻なし）…150g
A　グラニュー糖…55g
　　バター…50g
　　水あめ…23g
　　乳脂肪分35%生クリーム…17g
　　NHペクチン…1g
B　グラニュー糖…11g

ガナッシュ・オ・ショコラ・ノワール
乳脂肪分35%生クリーム…84g
ダークチョコレート（ヴァローナ「グアナラ」カカオ分70%）…33g
ダークチョコレート（ヴァローナ「アンドア」カカオ分70%）…33g

ガナッシュ・オ・ショコラ・オ・レ
乳脂肪分35%生クリーム…35g
ミルクチョコレート（ヴァローナ「ジヴァラ・ラクテ」カカオ分40%）…25g

チョコレート・プレート
ダークチョコレート（ヴァローナ「アンドア」カカオ分70%）…100g

仕上げ
ココアパウダー…適量

チョコレート・プレート

01. チョコレートをテンパリングする（P.180参照）。ギターシートにチョコレートを薄く広げる。軽く固まり始めたら、セルクルをチョコレートの上に置き、型抜きする。

パート・シュクレ・オ・ショコラ

01. 麺棒を使って、生地をセルクルよりも3cmほど大きくのばす。生地をセルクルに敷き込み、冷蔵庫に1時間おいて固める。

02. 160℃に予熱したオーブンで15分焼く。

ノワゼット・ヌガティーヌ

01. オーブンシートを敷いた天板にヘーゼルナッツを広げ、160℃のオーブンで25〜30分、しっかりときつね色になるまでローストする。

02. 鍋にAのグラニュー糖、バター、水あめを入れて沸騰させ、生クリームを加えて混ぜ合わせる。ボウルで混ぜ合わせておいたグラニュー糖とペクチンを加えたら、弱火にして30秒ほどホイッパーで混ぜ続ける。グラニュー糖が溶けきったことを確認し、キャラメル化が進む前に火を止める。ヘーゼルナッツを入れてからめる。

03. オーブンシートを敷いた天板に移して広げる。170℃のオーブンで端のあたりがこんがりとしてくるまで20分焼く。

04. オーブンから取り出し、端の部分と中央の部分の生地をよく混ぜ返す。もう一度オーブンに入れ、5〜7分焼く。

05. 天板を取り出す。ヌガティーヌの粗熱が取れたら、耐熱の手袋をつけ、さらにその上からポリ手袋をはめ、ヘーゼルナッツを一粒ずつ転がして、ヌガティーヌで包む。室温においで冷ます。

ガナッシュ・オ・ショコラ・ノワール

01. 鍋に生クリームを入れて沸騰させる。ボウルにチョコレートを入れ、温めた生クリームの半量を注ぎ、ホイッパーで混ぜて乳化させる。残りの生クリームも加え、全体が均一になるまで混ぜ合わせる。丸口金をつけた絞り袋に詰める。

ガナッシュ・オ・ショコラ・オ・レ

01. 鍋に生クリームを入れて沸騰させる。ボウルにミルクチョコレートを入れ、温めた生クリームの半量を注ぎ、ホイッパーで混ぜて乳化させる。残りの生クリームを2回に分けて加える。その都度、よく混ぜて乳化させる。

組み立てと仕上げ

01. ヘーゼルナッツプラリネを絞り袋に詰め、タルトの土台に楕円を2、3周描くように10g絞る。ガナッシュ・オ・ショコラ・ノワールをタルトの3/4の高さまで絞り入れる。冷蔵庫で30分冷やす。

02. 取り出してガナッシュ・オ・ショコラ・オ・レをタルトの縁まで注ぎ入れ、冷蔵庫でさらに2時間ほど冷やす。

03. タルトの片方の縁にノワゼット・ヌガティーヌを一列に並べる。ココアパウダーをチョコレート・プレートにふり、タルトの上にのせる。

NOTE
パート・シュクレ・オ・ショコラを低温のオーブンに入れるのは、小麦粉にしっかりと火を入れ、湿気を除き、サクサクした生地に焼き上げるためです。タルトは冷蔵保存しておき、提供する15分前に出すようにしましょう。

16:00

Brownie
ブラウニー

ブラウニーはアメリカ・シカゴで生まれた、今では世界中で人気のおやつです。どちらかというと、普段のおやつでしょうか。しかしパティシエには、特別な日の菓子も、毎日のおやつも分け隔てることなく大切にして作る使命があります。

このレシピは、そんなおやつとして、肩肘はらずに食べて楽しんでもらいたいという想いから作りました。そのため、オリジナリティを出そうとはしていないのですが、チョコレート好きのフランスの人にもきちんと味わってもらえるよう、ちょっとしたアレンジを加えています。スタンダードなレシピではカカオ含有量が50％のチョコレートを使うのに対して、含有量61％のチョコレートを選び、分量も増やしました。これがブラウニーという菓子に対する私なりの解釈です。

分量（カードル1台分）

必要な道具

カードル（22.5×22.5×高さ3.5cm）…1台
※似た寸法であれば、長方形のケーキ型やグラタン皿でも可

ブラウニーのアパレイユ

クルミ…100g
ピーカンナッツ…100g
バター…220g
グラニュー糖…300g
塩…2g
バニラビーンズ…1/2本
全卵…240g
小麦粉T45（薄力粉）…80g
ビターチョコレート（ヴァローナ「エクストラ・ビター」カカオ分61％）…170g

仕上げ

クルミ…適量
ピーカンナッツ…適量

ブラウニーのアパレイユ

01. オーブンシートを敷いた天板にクルミとピーカンナッツを広げ、170℃に予熱したオーブンで10分ローストする。

02. ボウルに常温で柔らかくしたバターとグラニュー糖、塩を入れ、ホイッパーで混ぜる。バニラビーンズの鞘から種をこそぎ取って加える。別のボウルに卵を割り入れ、湯煎で30℃になるまで温める。

03. 温めた卵液を先のボウルに4回に分けて加え、その都度しっかりと乳化させながら混ぜ合わせる。ふるっておいた小麦粉を加えて混ぜる。

04. チョコレートを電子レンジにかけ、38℃まで加熱し、溶かしておく。03のボウルに加えて混ぜ合わせ、ローストしたクルミとピーカンナッツも加えて混ぜ合わせる。

05. 天板にカードルを置き、カードルの内側にオーブンシートを敷く。04の生地を流し入れ、パレットを使って均一にならす。

焼成と仕上げ

01. 仕上げ用のクルミとピーカンナッツをアパレイユの上に並べる。170℃に予熱したオーブンで40分焼く。

02. オーブンから取り出し、10分ほどおいて粗熱を取る。カードルから外して、完全に冷ます。提供する前にオーブンシートをはがす。

NOTE

成功の鍵は上質なチョコレートを選ぶことと、チョコレートの準備で38℃という温度を守ること。やはり基本が大切なのです。

Macaron cacao
マカロン カカオ

私にとってカカオは無限の可能性を秘めた食材です。日本には「好きこそものの上手なれ」ということわざがありますが、まさにそのとおり。いつも自然と、カカオを使った菓子の創作に気持ちが向かいます。

このレシピではカカオの風味を引き出すため、砂糖をあまり使わないフレンチメレンゲをベースにすえました。最近では「短時間で数を作れる」という理由から、マカロンといえばイタリアンメレンゲが主流だと思います。しかし、私のレシピではチョコレートの香りと味わいを大切にすることをなによりも優先しています。

分量（20個分）

必要な道具
丸口金（口径12mm）…1個

パータ・マカロン
粉糖…175g
アーモンドパウダー…92g
ココアパウダー…9g
卵白…101g
グラニュー糖…23g
カカオニブ…適量
ココアパウダー（飾り用）…適量

ガナッシュ・オ・ショコラ・ノワール
乳脂肪分35%生クリーム…97g
ダークチョコレート（ヴァローナ「グアナラ」カカオ分70%）…49g
ダークチョコレート（ヴァローナ「アンドア」カカオ分70%）…49g
バター…36g

パータ・マカロン

01. ミキサーボウルに卵白、グラニュー糖を入れ、高速のミキサーで9分立てに攪拌する。あわせてふるっておいた粉糖、アーモンドパウダー、ココアパウダーを加える。外側から内側へと円を描くようにカードを動かして、全体を混ぜ合わせながらマカロナージュを続ける。ツヤが出て、生地をすくうとリボン状に落ちていく程度になったら、マカロナージュを止めて、絞り袋に詰める。

02. オーブンシートにマカロンの生地を絞るための目安をつける。直径3.5cmの円をジグザグに3cm間隔で20個分書く。シートを裏返して天板に敷き、目印よりも少し小さめに生地を絞っていく。天板をテーブルでコンコンと軽くたたき、生地の表面をなめらかにしつつ、大きさを目印の3.5cmに合わせる。生地の表面にカカオニブを5粒程度ずつ散らし、ココアパウダーを茶こしでふる。室温で3時間ほどおいて、表面を乾燥させる。

03. 150℃に予熱したオーブンで4分焼く。オーブンの扉を半開きにし、庫内温度を120℃まで下げ、2分焼く。扉を閉めてさらに15～20分焼く。オーブンから取り出し、完全に冷めるまで、天板の上に置いておく。

ガナッシュ・オ・ショコラ・ノワール

01. 鍋に生クリームを入れて沸騰させる。ボウルにチョコレートを入れて、温めた生クリームの半量を注ぎ、ホイッパーで混ぜて乳化させる。チョコレートが溶けきったら、残りの生クリームも加える。しっかりと乳化したら、室温に戻したバターを加え、よく混ぜ合わせる。別の容器に移してラップを表面にぴったりとかぶせ、冷蔵庫に30分おく。

組み立て

01. マカロン生地の内側を親指で軽く押して、くぼませる。生地の中央に、丸口金を使ってガナッシュを8gほど、表面が見えなくなるくらいの小さなドームを作るようにして絞る。もう1枚のマカロン生地をかぶせる。

NOTE
マカロナージュの成功には「きれいに立ち上がったメレンゲ」が欠かせません。メレンゲの立ちが不足していたり、立ちすぎて分離していたりすると、マカロナージュにうまくつなげることができないのです。その名からマカロナージュという工程に注意が向きがちですが、まずは美しいメレンゲを用意することも大切だということを忘れないでください。マカロナージュは、ゴムべらを使って約30cmの高さですくい上げ、生地がリボン状に垂れてきたらOK。手を止めるタイミングを見極めながら、マカロナージュをおこなうとよいでしょう。

2 place Saint-Michel, Paris VIe - 20h05

Soir

CHAP. 6

P. 140 モンブラン   P. 146 ベージュ
P. 150 M   P. 154 ヴァニリエ   P. 158 カヌレ   P. 160 スッシュ ドゥ ノエル
P. 164 アムリッシム

GÂTEAUX

Mont-blanc
モンブラン

このモンブランの主役は、言うまでもなく栗の味です。形も《アイコニック》なビジュアルのためではなく、味わいを豊かにするために決めました。クレーム・ドゥ・マロンとパート・フィロのバランスを考えると、クリームをしっかりと味わっていただくためには、このようなボリューム感のある絞り方をすることが、私にとって自然な選択でした。味によって形が決まったのです。

土台のパート・フィロもまた重要な役割を果たしています。ほかの生地と比べて湿気にくいため、夜までモンブランの食感を保ってくれます。そのため、好きなタイミングでゆっくり召し上がっていただけるのです。

分量（セルクル１台分）

必要な道具
セルクル（直径15cm）…１個
星口金（口径16mm）…１個
モンブラン口金…１個
丸口金（口径12mm）…１個

モンブランの土台
バター…適量
パート・フィロ…３枚
クレーム・ダマンド…130g（P.177参照）

クレーム・フエテ
乳脂肪分35%生クリーム…154g
マスカルポーネ…32g
グラニュー糖…15g

クレーム・ドゥ・マロン
マロンペースト…72g
マロンピュレ…146g
ラム酒…7.5g
クレーム・パティシエール…50g（P.170参照）
クレーム・フエテ…26g

組み立て
マロンコンフィ…10個
仕上げ用粉糖…適量

モンブランの土台

01. パート・フィロに溶かしバターをハケで薄く塗りのばし、もう１枚シートを重ねる。この手順をもう一度くり返す。

02. 20cm四方の正方形に切る。各辺を折りながら、セルクルに生地を敷き込む（P.178参照）。

03. 丸口金をつけた絞り袋にクレーム・ダマンドを詰め、02に絞る。170℃に予熱したオーブンで15分焼く。取り出して、粗熱を取る。

クレーム・フエテ

スタンドミキサーのボウルに生クリームとマスカルポーネ、グラニュー糖を入れる。ホイッパーを取りつけ、ミキサーの高速でもったりと固くなるまで攪拌する。花型口金をつけた絞り袋に詰めて、冷やしておく。

クレーム・ドゥ・マロン

01. マロンペーストとマロンピュレをよく混ぜ、ラム酒を加える。シノワに少量ずつのせ、カードやゴムべらでこすりながら裏ごしする。

02. なめらかにほぐしたクレーム・パティシエールに、裏ごししたマロンピュレを加える。ゴムべらで全体が均一になるまでしっかりと混ぜる。クレーム・フエテを加え、さっくりと混ぜ合わせる。モンブラン口金をつけた絞り袋に詰める。

組み立てと仕上げ

P.143の「Pas à pas」を参照。

NOTE

メレンゲの代わりにパート・フィロを使うのには、ロジックがあります。メレンゲは時間が経つとすぐに食感が失われ、味も甘くなってしまいます。私は、このレシピにおいて、菓子全体の食感のコントラストを強調したかったので、パート・フィロを層にして使うことを選びました。パート・フィロも乾燥しやすいものではあるので、調理で使う直前に、保存用のパックなどから取り出すとよいでしょう。

→

Pas à pas
モンブランの組み立て

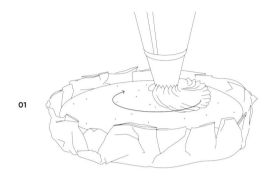

01

粗熱が取れたタルトにの土台にクレーム・フエテをぐるりと絞る。

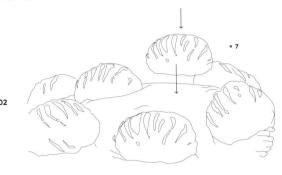

02

マロンコンフィを7粒置く。

03

約8cmの高さの山を作るようにクレーム・フエテを絞っていく。

星口金
口径 16mm

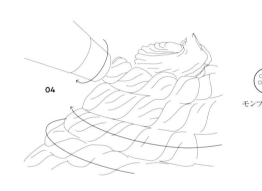

04

絞り袋で小さな円を描きながら、同時に土台も回転させつつ、絞っていく。

モンブラン口金

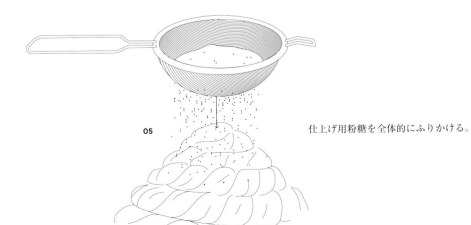

05

仕上げ用粉糖を全体的にふりかける。

Beige
ベージュ

もとをたどると、この菓子は「ノワール」というチョコレート・ムースでしたが、暖かい春先になって、このレシピに手を加えようと思い立ちました。チョコレート・ムースが少し重たいこともあって、なにか、食感と風味のバランスをくずさずに置き換えられるものはないだろうかと思いながら、探しあてたのが紅茶でした。

その味の軽さ、そして柔らかさ。どれもが完全にマッチしました。アールグレイにライムの香りを加えることで生み出される新しい味に、私は心を奪われたのです。そして、気づけば、常連のお客様からの注文が多くなっていて、店のスタンダードメニューに仲間入りしました。

分量（セルクル1台分）

必要な道具
抜き型（直径25cm）…1個
セルクル（直径20×高さ2cm）…1個
セルクル（直径19×高さ2cm）…1個
ギターシート…1枚
製菓用スプレーガン…1台

パート・シュクレ・オ・ショコラ…200g

パート・ドゥ・フイユティーヌ
アーモンド・プラリネ…54g
ダークチョコレート（ヴァローナ「エクストラ・ビター」カカオ分61%）…12g
ミルクチョコレート（ヴァローナ「ジヴァラ・ラクテ」カカオ分40%）…19g
ライムの皮のすりおろし…1/2個分
フイユティーヌ…54g

ガナッシュ・レジェール
乳脂肪分35%生クリーム…149g
オレンジの皮のすりおろし…1/2個分
ダークチョコレート（ヴァローナ「エクストラ・ビター」カカオ分61%）…20g
ミルクチョコレート（ヴァローナ「ジヴァラ・ラクテ」カカオ分40%）…81g

→

パート・シュクレ・オ・ショコラ

01. 生地を麺棒で厚さ3mmにのばし、直径25cmの抜き型で抜く。天板の上に直径20cmのセルクルを置き、生地を敷き込み、はみ出した部分は包丁で切って整える。冷蔵庫に10分おく。

02. 160℃に予熱したオーブンで20分焼く。粗熱が取れたら、セルクルから外す。

パート・ドゥ・フイユティーヌ

01. ボウルにアーモンド・プラリネとチョコレートを入れ、湯煎にかけ、約40℃になるまで混ぜ溶かす。湯煎から外し、ライムの皮のすりおろしとフイユティーヌを加えて、全体的にムラがなくなるまでよく混ぜる。まだ温かいうちに140gをタルトに量り入れ、スプーンなどで平らに広げる。

ガナッシュ・レジェール

01. 鍋に生クリームとオレンジの皮を入れて沸騰させる。ボウルにチョコレートを入れ、鍋のクリーム1/3量を注ぎ、ホイッパーで混ぜて、しっかり乳化させる。鍋の残りも加えて乳化させ、均一に混ぜ合わせる。

02. シノワでこしながらボウルに移し、密着させるようにラップをかけて冷蔵庫で冷ます。ガナッシュの温度が約20℃まで下がり、気泡が上がってきたら、タルトにすりきりまで流し込む。さらに冷蔵庫において冷やす。

ムース・オ・テ・アールグレイ

01. 鍋に牛乳とAの生クリーム、すりおろしたライムの皮を入れて沸騰させる。火を止めて茶葉を加えたら、フタをして5分ほど蒸らす。フタを外して優しく混ぜたら、シノワでこして別の鍋に入れる。

02. クリームの入った鍋を火にかけ、沸騰する寸前で火を止める。卵黄とグラニュー糖を混ぜておいたボウルに、クリームの1/3量を注いでよく混ぜてから、鍋に戻し入れる。再び火にかけ、ゴムべらで鍋底をしっかり混ぜながら78℃まで温める。火を止め、50℃の湯で溶いておいたゼラチンを加えて混ぜる。シノワでこして別のボウルに移したら、氷水にあてる。温度が15℃くらいまで下がると、とろみがでる。全体がとろりとしてきたら、9分立てに泡立てたBの生クリームを加えて、混ぜ合わせる。

03. ギターシートを敷いた天板に直径19cmのセルクルを置き、ムースを注ぎ入れる。少なくとも3時間は冷凍庫におき、ムースを完全に凍らせる。

04. セルクルに両手を添えて軽く温めてから、ムースを外す。ムースはピストレ作業まで冷凍庫においておく。

→

「菓子を作るとき、販売するとき、お客さまがどんなふうに持ち帰り、どんな
シチュエーションで食べるのかを想像しています。家族や友人との食事の後
に、冷蔵庫に入れておいた菓子を取り出す。そんな日常の団らんの中や、時
には大切な人との特別な時間の中心になることも。そんな菓子を作っている
のだと意識することで、よりおいしくなると思っています」

ムース・オ・テ・アールグレイ

牛乳…193g
A　乳脂肪分35％生クリーム…231g
ライムの皮のすりおろし…1/2個分
アールグレイ（茶葉）…7g
卵黄…77g
グラニュー糖…61g
粉ゼラチン…6g
水（50℃の湯にする）…30g
B　乳脂肪分35％生クリーム…87g

ピストレ

カカオバター…50g
ホワイトチョコレート…100g

ショコラ・ブラン

ホワイトチョコレート…300g
ひまわり油…30g

仕上げ

アールグレイ（茶葉）…適量
ライムの皮のすりおろし…適量
フルール・ドゥ・ブルエ（ヤグルマギク）の
花びら…適量

ピストレ

01. ボウルにカカオバターとホワイトチョコレート
を入れ、湯煎で溶かす。約40℃まで温まったら、製
菓用のスプレーガンに詰める。アールグレイのムー
スを冷蔵庫から取り出し、すぐにスプレーガンでム
ースの表面全体に吹きかけていく。ムラができない
ように注意する。
※スプレーガンがない場合には、この工程を省略し
てもかまわない。

02. 冷蔵庫からタルトを取り出し、ガナッシュが固
くなっているのを確認したら、ムース・オ・テ・ア
ールグレイをのせる。

ショコラ・ブラン

01. ホワイトチョコレートにひまわり油を加えてテ
ンパリングする（P.180を参照）。チョコレートを容
器に移し、固まるまでおく。

仕上げ

01. スプーンでホワイトチョコレートを薄く削り、
花びら状にする。ムースの上面の片側にチョコレー
トの花びらを10枚置く。アールグレイの茶葉とライ
ムの皮を散らし、フルール・ドゥ・ブルエの花びら
を飾る。

Beige ベージュ

M
エム

ローストした素材の風味に着目し、そのさまざまな香りと味を楽しんでもらうために作った菓子。ローストしたカカオにヘーゼルナッツ、そしてメープルシュガーのキャラメルを使っています。メープルシュガーにはキャラメリゼを難しくするカリウム、マグネシウム、カルシウムといったミネラルが含まれているものの、一般的な砂糖で作るより深く複雑な味わいを与えてくれます。

分量（トヨ型1台分）

必要な道具
カードル（56×36cm）…1個
三角形のトヨ型（30×8×高さ5.5cm）…1個
ギターシート…3枚

ビスキュイジョコンド・ノワゼット
全卵…279g
A　卵白…122g
アーモンドパウダー…143g
ヘーゼルナッツパウダー…230g
粉糖…230g
バター…184g
小麦粉 T45（薄力粉）…72g
B　卵白…153g
　　グラニュー糖…86g

ノワゼット・ヌガティーヌ
ヘーゼルナッツ…171g
A　グラニュー糖…64g
バター…57g
水あめ…26g
乳脂肪分35%生クリーム…19g
NHペクチン…1.3g
B　グラニュー糖…13g

マンダリンのセミコンフィ
マンダリン…50g
グラニュー糖…45g

→

メープルシュガーの注意点

メープルシュガーのキャラメリゼは、グラニュー糖を使う場合よりも気をつけるべき点が多い。鍋にメープルシュガーを入れ、中火にかけ、木べらで混ぜ続けながら少しずつ溶かしていく。溶けた部分は焦げやすくなるので、まだ溶けていない部分と混ぜながら、全体を溶かす。もし焦げそうになった場合は、一度火からおろして、鍋をゆすりつつ、手早く混ぜ続けると、焦がさずにキャラメリゼを促進することができる。メープルシュガーの温度上昇が落ちついてきたら、再び火にかけるとよい。また、生クリームを加えたあとに、メープルシュガーが結晶化してかたまりができることがある。その場合には、弱火にかけて混ぜながら、塊が生クリームに溶けきるのを待つこと。

ビスキュイジョコンド・ノワゼット

01. ボウルに全卵とAの卵白を入れ、湯煎して40℃に温める。ミキサーボウルにふるっておいたアーモンドパウダーとヘーゼルナッツパウダー、グラニュー糖、温めた卵液を入れたら、高速のミキサーで白っぽくなるまで撹拌する。

02. 別のボウルにバターを入れ、湯煎にかけて50℃まで温めたら、01で撹拌した生地の1/4量を加えてよく混ぜる。ふるった小麦粉をミキサーボウルに残った3/4量の生地に加え、混ぜる。

03. Bの卵白を別のミキサーボウルに入れ、グラニュー糖を加える。ホイッパーを取りつけたミキサーで8分立てになるまで撹拌し、メレンゲを作る。

04. 02の小麦粉入りの生地に03のメレンゲを加えてゴムべらで混ぜ合わせる。均一になじむ前に02のバター生地を加え、混ぜ合わせる。

05. オーブンシートを敷いた天板の上にカードルを置き、生地を流し込み、パレットナイフでなめらかに整えて偏りがないようにする。170℃に予熱したオーブンで20分焼く。

06. カードルとビスキュイの間にパレットをそっとすべらせるように入れて、カードルを取り除く。ビスキュイをケーキクーラーに移して、10分休ませる。

07. ビスキュイが冷めたら、30×8cmの長方形に切る。

ヘーゼルナッツ・ヌガティーヌ

01. P.132の「ヘーゼルナッツ・ヌガティーヌ」01.～04.を参照。

02. ヘーゼルナッツが完全に冷めたら、包丁を使って細かくなりすぎないように粗めに砕く。

マンダリンのセミコンフィ

01. マンダリンは10等分のくし形切りにし、それぞれを5mmの厚さにスライスする。ボウルに移し、グラニュー糖を全体にまぶす。室温で2時間おく。

02. 鍋に移して沸騰させる。糖度計が40～45°Bに達するまで煮詰める。糖度計がない場合には、沸騰してから2～3分煮詰める。ボウルに移し、ラップを表面に密着させるようにかぶせ、冷蔵庫で冷やす。

03. しっかり冷えたら絞り袋に詰め、ギターシートを敷いたトヨ型の三角形の頂点部分に20g、一本線のように絞る。

→

クレーム・デラブル・キャラメリゼ
乳脂肪分35%生クリーム…215g
メープルシュガー…64g
卵黄…68g
カソナード…24g
粉ゼラチン…4.3g
水（50℃の湯にする）…22g
クレーム・フエテ…78g

ムース・ショコラ・エラブル
乳脂肪分35%生クリーム…95g
メープルシュガー…47g
卵黄…39g
カソナード…24g
ダークチョコレート（ヴァローナ「グアナラ」
カカオ分70%）…122g
乳脂肪分35%生クリーム…223g

グラサージュ・ショコラ・ノワゼット
乳脂肪分35%生クリーム…200g
転化糖…28g
グラニュー糖…23g
ココアパウダー…12g
粉ゼラチン…6g
水（50℃の湯にする）…30g
プラリネヘーゼルナッツ…22g
ダークチョコレート（ヴァローナ「エクスト
ラ・ビター」カカオ分61%）…76g

トリアングル・アン・ショコラ
ダークチョコレート（ヴァローナ「グアナラ」
カカオ分70%）…300g
メープルシュガー…適量

仕上げ
ノワゼット・ヌガティーヌ…適量
ココアパウダー…適量

クレーム・デラブル・キャラメリゼ

01. 鍋に生クリームを入れて中火にかけ、沸騰する直前に火を止める。別の鍋を弱火にかけ、メープルシュガーを入れて、たえずゆらしながら、木べらで混ぜて溶かす（P.150参照）。火を止め、温めたクリームを注いで沸騰させる。

02. ボウルに卵黄とカソナードを入れて混ぜる。鍋の1/3量をボウルに注ぎ、よく混ぜてから、鍋に戻し入れる。中火で78℃に達するまでゴムべらで混ぜながら加熱する。火を止め、50℃の湯で溶いておいた粉ゼラチンを加えて、よく混ぜる。

03. シノワでこして、別のボウルに移して氷水にあてる。15℃くらいまで下がり、とろみがつくまで冷やしたら、7分立てに泡立てた生クリームを加え、混ぜ合わせる。

04. 03のボウルのクリーム300gを、レードルを使ってマンダリンのセミコンフィの入ったトヨ型に注ぐ。型を左右に軽くゆらしてクリームを平らにし、冷凍庫で約3時間入れる。しっかりと凍ったら、型から外して冷凍庫に戻す。ギターシートはムースにつけたままにしておく。

ムース・ショコラ・エラブル

01. 鍋にクリームを入れて中火にかけ、沸騰する直前に火を止める。別の鍋にメープルシュガーを入れて中火にかけ、たえずゆらして混ぜながら溶かす（P.150参照）。火を止めて、温めたクリームを注ぎ入れて沸騰させる。

02. ボウルに卵黄とカソナードを入れて混ぜる。鍋の1/3量をボウルに注ぎ、よく混ぜてから、鍋に戻し入れる。中火で78℃に達するまでゴムべらで混ぜながら加熱する。チョコレートが入ったボウルに、シノワでこしながら注ぐ。ホイッパーでなめらかなガナッシュになるまで混ぜて、乳化させる。6分立てに泡立てた生クリームを加え、手早く混ぜ合わせる。

03. トヨ型にギターシートを敷く。02のムースを350g、レードルで型に注ぐ。凍らせたクレーム・デラブル・キャラメリゼをムースに押し込む。ムースの上に少量のムースを加え、スプーンなどで平らにする。刻んだノワゼット・ヌガティーヌを、型の左右両端1.5cmずつを避け、幅5cmの帯状に敷き詰め

ていく。カットしたビスキュイをかぶせ、しっかり押さえてムースと接着させる。冷凍庫で固まるまで冷やす。

グラサージュ・ショコラ・ノワゼット

01. 鍋に生クリームと転化糖を入れて沸騰させる。ボウルでグラニュー糖とココアパウダーをよく混ぜ、鍋の生クリーム1/4量をボウルに加える。よく混ぜ合わせたら、残りの3/4量も加えてさらに混ぜ、50℃の湯で溶かしておいた粉ゼラチンを加えて混ぜる。

02. ヘーゼルナッツプラリネと、チョコレートを入れたボウルに、01のクリームの1/3量を加えて混ぜ、乳化させる。続けて残りの2/3量も加え、混ぜ合わせて乳化させる。シノワでこしながら別のボウルに入れ、ラップを表面に密着させるようにかぶせて約28℃になるまで冷ます。

トリアングル・アン・ショコラ

01. テンパリングしたチョコレートを、30×20cmにカットしたギターシートの上に薄くのばす。チョコレートが固まらないうちに、包丁の先で底辺5cm、高さ20cmの二等辺三角形を5つ並べて描いていく。チョコレートがある側を内にして筒型に巻きつけ、そのままおく。チョコレートが固まったら、ギターシートを外す。

組み立てと仕上げ

01. ムースを冷凍庫から取り出して、ギターシートを外す。両端の5cm分を切り落とし、ケーキクーラーの上に移してグラサージュをまんべんなくかける。30秒ほどおいて、グラサージュが固まったら皿に移す。トリアングル・アン・ショコラの三角形を5枚、螺旋状に配置する。

02. ノワゼット・ヌガティーヌを砕いて、中央の上部から側面へむかって斜めの帯状に飾る。ココアパウダーを茶こしでふる。

NOTE

このレシピはキャラメリゼのタイミングがとても難しいです。お店でも、この菓子を作れるのはいまのところ、私ひとりだけです。

Vanillier
ヴァニリエ

この菓子の主役である香り豊かなバニラは、知れば知るほど奥深い。そんなバニラの世界を探求し尽くしてみたいという思いから、このヴァニリエを作りました。これまで私はタヒチ産のバニラの香りを気に入っていたのですが、試行錯誤を重ねながら、乳製品にはマダガスカル産のバニラが一番マッチするという結論に至りました。

この菓子では土台部分のザラッとするテクスチャーも重要です。というのも、食感は脳にまで届くと考えているからです。食感がなくては、舌でしか味わうことができません。脳まで情報を伝え、味覚をより複雑にしてくれるのはテクスチャーなのです。

分量（セルクル6個分）

必要な道具
カードル（56×36cm）…1個
抜き型（直径5.5cm）…1個
シリコン円筒型（直径4×高さ2cm）…1枚
セルクル（直径5.5×高さ5cm）…6個

ビスキュイジョコンド・アマンド
全卵…279g
A　卵白…122g
　　アーモンドプードル…373g
　　粉糖…230g
バター…184g
小麦粉 T45（薄力粉）…72g
B　卵白…153g
　　グラニュー糖…86g

パート・ドゥ・フイユティーヌ
プラリネアーモンド…31g
ホワイトチョコレート（ヴァローナ「イボワール」カカオ分35%）…17g
フイユティーヌ…32g

ガナッシュ・ヴァニーユ
バニラビーンズ（マダガスカル産）…1/2本
乳脂肪分35%生クリーム…127g
ホワイトチョコレート（ヴァローナ「イボワール」カカオ分35%）…77g
粉ゼラチン…1g
水（50℃の湯にする）…5g

ビスキュイジョコンド・アマンド

01. 卵とAの卵白を湯煎で約40℃に温める。ミキサーボウルにふるっておいたアーモンドパウダーと粉糖、温めた卵液を入れたら、高速のミキサーで白っぽくなるまで撹拌する。

02. 別のボウルにバターを入れ、湯煎にかけて50℃まで温めたら、01で撹拌した生地の1/4量を加えてよく混ぜる。ふるった小麦粉をボウルの残った3/4量の生地に加え、混ぜる。

03. Bの卵白を別のボウルに入れ、グラニュー糖を加える。ホイッパーを取りつけたミキサーで8分立てになるまで撹拌し、メレンゲを作る。

04. 02の小麦粉入りの生地に03のメレンゲを加え、ゴムべらで混ぜ合わせる。均一になじむ前に02のバター生地を加え、混ぜ合わせる。

05. オーブンシートを敷いた天板にカードルを置き、生地を流し込み、パレットナイフでなめらかになるように整えて偏りがないようにする。170℃に予熱したオーブンで20分焼く。

06. カードルとビスキュイの間にパレットをそっとすべらせるように入れて、カードルを取り除く。ビスキュイをケーキクーラーに移して、10分休ませる。

パート・ドゥ・フイユティーヌ

01. ボウルにプラリネアーモンドとホワイトチョコレートを入れ、湯煎で約40℃に温める。パユテフイユティーヌを加え、よく混ぜ合わせ、ビスキュイジョコンドの上面に3mmほどの厚さにパレットで塗り広げる。冷蔵庫で固まるまで10分ほどおく。直径5.5cmの抜き型で抜いたら、冷蔵庫で保管しておく。

ガナッシュ・ヴァニーユ

01. 鍋に生クリームを入れ、バニラビーンズの種をこそぎ、鞘とともに加える。鍋を沸騰させたら火を止め、フタをして30分蒸らす。再び鍋を沸騰させ、シノワでこし、別のボウルに移す。鞘は飾りのために取っておく。

02. ボウルにホワイトチョコレートを入れ、01でこしたバニラクリームを3回に分けて注ぐ。注ぎ入れるたびにしっかりと混ぜて乳化させる。50℃の湯で溶いておいた粉ゼラチンを加え、よく混ぜる。できたガナッシュをシリコン円筒型（直径4×高さ2cm）の各型に5gずつ注ぎ入れ、冷凍庫において冷やし固める。

→

クレーム・ヴァニーユ

バニラビーンズ（マダガスカル産）…1/2本
牛乳…40g
乳脂肪分35％生クリーム…62g
卵黄…18g
グラニュー糖…20g
粉ゼラチン…1.5g
水（50℃の湯にする）…8g

ムース・ヴァニーユ

バニラビーンズ（マダガスカル産）…1本
A　乳脂肪分35％生クリーム…206g
卵黄…42g
グラニュー糖…54g
粉ゼラチン…4g
水（50℃の湯にする）…20g
B　乳脂肪分35％生クリーム…140g
マスカルポーネ…68g

グラサージュ・ヴァニーユ

バニラビーンズ（マダガスカル産）…1/3本
牛乳…178g
水あめ…71g
粉ゼラチン…5g
水（50℃の湯にする）…25g
ホワイトチョコレート（ヴァローナ「イボワール」カカオ分35％）…396g

仕上げ

バニラビーンズの鞘…適量
グラニュー糖…適量
バニラパウダー…適量

クレーム・ヴァニーユ

01. バニラビーンズは種をこそぎ、鞘とともに鍋に入れ、牛乳と生クリームを加える。沸騰したら火を止め、フタをして30分蒸らす。

02. ボウルに卵黄とグラニュー糖を入れて混ぜる。再び01の鍋を沸騰させ、1/3量をボウルに注ぐ。よく混ぜ合わせたらすべて鍋に戻し入れ、中火にかけて78℃に達するまでゴムべらで混ぜながら加熱する。

03. 火を止め、50℃の湯で溶いておいた粉ゼラチンを加えて、やさしく混ぜ合わせる。シノワでこして別のボウルに移す。バニラビーンズの鞘は飾り用に取っておく。ボウルを氷水にあてて15℃に下がるまで冷やす。冷凍庫からガナッシュ・ヴァニーユが入っている円筒型を、固まっているかどうか確認してから取り出し、各型にクレーム・ヴァニーユを16gずつ注ぎ入れ、冷凍庫で2時間冷やす。

ムース・ヴァニーユ

01. バニラビーンズの種をこそぎ、鞘と一緒に鍋に入れ、牛乳とAの生クリームを加える。沸騰したら火を止め、フタをして30分蒸らす。

02. ボウルに卵黄とグラニュー糖を入れて混ぜる。再び01の鍋を沸騰させた、1/3量をボウルに注ぐ。よく混ぜ合わせたらすべて鍋に戻し入れ、中火にかけて78℃に達するまでゴムべらで混ぜながら加熱する。

03. 火を止め、50℃の湯で溶いておいた粉ゼラチンを加えて、やさしく混ぜ合わせる。シノワでこして別のボウルに移す。バニラビーンズの鞘は飾り用に取っておく。ボウルを氷水にあてて、温度を15℃くらいまで下げ、とろみがでるまで混ぜる。

04. ミキサーボウルにBの生クリームとマスカルポーネを入れ、ホイッパーを取りつけた高速のミキサーで撹拌し、7分立てにする。03で冷やしたボウルに加え、全体が均一に混ぜ合わせる。シリコン円筒型（直径5.5×高さ5cm）の3/4の高さまで注ぐ。

05. 冷凍庫からクレーム・ヴァニーユを取り出し、各型のムースの中心部に押し込む。さらにムースを注ぎ、パレットで表面をなめらかに整えて余分な部分を取り除く。ビスキュイジョコンドのフイユティーヌを塗った面をムース側にしてのせる。冷凍庫で2時間以上冷やす。

グラサージュ・ヴァニーユ

01. バニラビーンズの種をこそぎ、鞘と一緒に鍋に入れ、牛乳と水あめを加える。沸騰したら、50℃の湯で溶いておいたゼラチンを加えて混ぜる。ホワイトチョコレートを入れたボウルに3回に分けて注ぎ、その都度しっかりと乳化させる。シノワでこし、別のボウルに移す。バニラの鞘は飾り用に取っておく。ラップを表面にぴったりかぶせて冷ます。

02. 25℃まで冷えてきたら、冷凍庫からムースの型を取り出す。型を少し温めてから、ムースを外して網の上に移し、01のグラサージュを全体にかける。

03. 取っておいたバニラの鞘を半分に切る。軽く乾燥させ、グラニュー糖をまぶし、ムースの上に飾る。

N O T E

このレシピは極限のやわらかさが味わえるように考案しています。そのため、仕上げたあとは冷蔵庫に保存し、食べる直前に出してください。バニラビーンズは、香りが豊かな15〜20cmの大きなものを選ぶとよいでしょう。また、バニラの香りを引き出すために、沸騰した生クリームと牛乳の中にバニラビーンズを少なくとも30分間漬け込んでおいてください。バニラの鞘を煮出して裏ごすときには、最後の一滴まで残さないようにしましょう。バニラは鞘に香りが詰まっているものですが、その香りは最後の一滴に濃縮されています。

Vanillier ヴァニリエ

Cannelés
カヌレ

この菓子において食感が大事なことは言うまでもありませんが、これを支えているのはバニラとラム酒、オレンジの皮の三本柱のマリアージュです。昔ながらのレシピで使わないオレンジを加えることで、香りが口の中で広がり、余韻も長くなるようにしています。

この3つの材料を活かすために小さいカヌレ型は避けたいもの。小さい型を使うと、焼成中に香りが蒸発してしまいやすくなります。比較的大きな型を選んだ方が、カヌレの中に香りを閉じ込めておくことができるのです。

分量（10個分）

必要な道具
銅製のカヌレ型…10個

アパレイユ・ア・カヌレ
牛乳…495g
バター…50g
グラニュー糖…210g
塩…3g
オレンジの皮のすりおろし…1/2個分
バニラビーンズ…1/6本
卵黄…59g
全卵…25g
小麦粉 T45（薄力粉）…99g
コーンスターチ…20g
ラム酒…49g

アパレイユ・ア・カヌレ（前日に準備）

01. 鍋に牛乳、バター、グラニュー糖、塩、オレンジの皮のすりおろし、バニラビーンズの種と鞘を入れる。火にかけ、80℃に達するまでホイッパーで混ぜながら温める。火からおろし、室温で3時間おく。

02. ボウルに卵黄と全卵を入れて混ぜ合わせる。鍋の1/2量をボウルに注いで、よく混ぜる。薄力粉とコーンスターチをあわせてふるってから、ボウルに加え、よく混ぜ合わせる。鍋の残りの1/2量とラム酒を加え、混ぜ合わせる。

03. 生地をシノワでこして、冷蔵庫でひと晩休ませる。寝かせている間に含まれた空気が抜け、安定した生地に仕上がる。

焼成

01. カヌレ型に油を塗る。冷蔵庫から生地を出し、容器の底部分に沈殿している粉をホイッパーでよく混ぜて、生地の上部と下部の状態が均一になるようにする。生地を型の縁すれすれまで注ぎ入れる。170℃に予熱したオーブンで1時間～1時間10分ほど焼く。

02. 生地がまだ温かいうちに型から外し、ケーキクーラーに移して冷ます。

Souche de Noël
スッシュ ドゥ ノエル

キリスト教文化圏で育ったわけではないからかもしれませんが、毎年クリスマスが来ると、ビュッシュ・ドゥ・ノエルの意味を考えることにしています。この菓子の創作に取り組んでいた時期には母を失ったこともあり、なおさら……。
このスッシュ・ドゥ・ノエルでは深い味わいのチョコレートと、切り株の形によって表現されるクリスマスについて、改めて見つめ直しました。生と死は思うほど離れていないのかもしれません。死んだものとみなされていた切り株から、新しい命が芽吹くように。この菓子で使用したスパイスは伝統的なレシピへのオマージュ──その昔は薬や保存料として扱われてきたもの──ですが、それと同時に植物の魂の象徴でもあり、その香りは命そのもののエネルギーなのです。

分量（セルクル1台分）

必要な道具
カードル（56×36cm）…1個
セルクル（直径18×高さ6cm）…1個
セルクル（直径15×高さ3cm）…1個
ムースフィルム（幅6cm）…1巻
丸口金（口径12mm）…1個
製菓用スプレーガン…1台

ビスキュイジョコンド・ノワゼット
全卵…279g
A　卵白…122g
アーモンドパウダー…143g
ヘーゼルナッツパウダー…130g
粉糖…230g
バター…184g
小麦粉 T45（薄力粉）…72g
B　卵白…153g
グラニュー糖…86g

パート・ドゥ・フイユティーヌ
プラリネアーモンド…31g
ホワイトチョコレート（ヴァローナ「イボワール」カカオ分35%）…17g
フイユティーヌ…32g

→

ビスキュイジョコンド・ノワゼット

01. ボウルに全卵とAの卵白を入れ、湯煎して40℃に温める。ミキサーボウルにふるっておいたアーモンドパウダーとヘーゼルナッツパウダー、粉糖、温めておいた卵液を入れたら、高速のミキサーで白っぽくなるまで撹拌する。

02. 別のボウルにバターを入れ、湯煎にかけて50℃まで温めたら、01で撹拌した生地の1/4量を加えてよく混ぜる。ふるった小麦粉をミキサーボウルの残りの3/4量の生地に加え、混ぜる。

03. Bの卵白を別のボウルに入れ、グラニュー糖を加える。ホイッパーを取りつけたミキサーで8分立てになるまで撹拌し、メレンゲを作る。

04. 02の小麦粉入りの生地に03のメレンゲを加えてゴムべらで混ぜ合わせる。均一になじむ前に02のバター生地を加え、混ぜ合わせる。

05. オーブンシートを敷いた天板の上にカードルを置き、生地を流し込み、パレットナイフでなめらかに整えて偏りがないようにする。170℃に予熱したオーブンで20分焼く。

06. カードルとビスキュイの間にパレットをそっとすべらせるように入れて、カードルを取り除く。ビスキュイをケーキクーラーに移して、10分休ませる。

パート・ドゥ・フイユティーヌ

01. ボウルにプラリネアーモンドとホワイトチョコレートを入れ、湯煎して約40℃に温める。フイユティーヌを加え、よく混ぜ合わせ、ビスキュイジョコンドの上面に3mmほどの厚さに塗り広げる。冷蔵庫で少なくとも10分ほどおく。直径15cmの抜き型で抜き、冷蔵庫で保管しておく。

クレーム・オ・ゼピス

01. カルダモン、クローブ、シナモンをすり鉢で砕いて鍋に入れ、分量の水を加えて沸騰させる。火を止め、紅茶の茶葉を加えたら、フタをして5分ほど蒸らす。シノワでこす。

02. 01のスパイス液の56gを別の鍋に入れ、生クリームとはちみつを加えて沸騰させる。ボウルに卵黄とグラニュー糖を入れてよく混ぜ、1/3量を注ぎ入れてさらに混ぜ、鍋に戻し入れる。中火にかけ、78℃に達するまでゴムべらで混ぜながら加熱する。火からおろし、50℃の湯で溶いておいた粉ゼラチンを加え、シノワでこす。

03. 別のボウルにミルクチョコレートを入れ、02の液の半分を注ぎ、よく混ぜて乳化させる。残りを2回に分けて加え、そのたびにやさしく混ぜて乳化させる。氷水にあてて、少しとろみがでてくるまで冷やす。ムースフィルム（47×幅6cm）をカットして、直径15cmのセルクルの内側にセットする。ギターシートを敷いた天板の上にセルクルを置き、クレーム・オ・ゼピスを200g注ぎ入れたら、冷凍庫で固まるまで冷やす。

→

クレーム・オ・ゼピス

グリーンカルダモン…1g

クローブ…1g

シナモンスティック…1g

水…65g

アールグレイ（茶葉）…2g

乳脂肪分35%生クリーム…56g

はちみつ…7g

卵黄…22g

カソナード…8g

粉ゼラチン…2g

水（50℃の湯にする）…10g

ミルクチョコレート（ヴァローナ「ジヴァラ・ラクテ」カカオ分40%）…65g

マンダリンのセミコンフィ

マンダリン…100g

グラニュー糖…60g

ガナッシュ・オ・ゼピス

乳脂肪分35%生クリーム…90g

はちみつ…8g

シナモンスティック…2g

グリーンカルダモン…1g

クローブ…1g

ミルクチョコレート（ヴァローナ「ジヴァラ・ラクテ」カカオ分40%）…62g

ダークチョコレート（ヴァローナ「エクストラ・ビター」カカオ分61%）…40g

ムース・ショコラ・キャラメル

グラニュー糖…47g

A　乳脂肪分35%生クリーム…95g

卵黄…40g

カソナード…25g

ダークチョコレート（ヴァローナ「グアナラ」カカオ分70%）…122g

B　乳脂肪分35%生クリーム…225g

ピストレ

カカオバター…50g

ダークチョコレート（「ヴァローナ」／エクストラ・ビター61%）…100g

飾りつけ

抹茶パウダー…適量

スターアニス…1個

シナモンスティック…1/2本

クローブ…1個

グリーンカルダモン…1個

タイム…数本

マンダリンのセミコンフィ

01. マンダリンを10等分のくし形切りにし、それぞれを5mmの厚さにスライスする。ボウルに移し、砂糖をまんべんなくまぶす。室温で2時間おく。

02. 汁ごと鍋に移して沸騰させる。糖度計が40～45°Bに達するまで煮詰める。糖度計がない場合には、沸騰してから2～3分煮詰める。ボウルに移し、ラップを表面に密着させるようにかぶせ、冷蔵庫で冷やす。

03. しっかり冷えたら絞り袋に詰め、凍らせたスパイスクリームの上に80gをドーナツ状に絞る。再び冷凍庫に戻す。

ガナッシュ・オ・ゼピス

01. 鍋にシナモン、カルダモン、クローブを軽くつぶして入れる。生クリームとはちみつを加え、沸騰させる。火を止め、フタをして10分蒸らす。

02. 01のスパイスの液をシノワでこし、別の鍋に移して沸騰させる。ボウルにチョコレートを入れ、沸騰させた生クリームの1/2量を注ぎ、混ぜて乳化させる。残りも2回に分けて加え、その都度、混ぜて乳化させる。

03. クレーム・オ・ゼピスとマンダリンのセミコンフィを入れたセルクルに、ガナッシュ・オ・エピスを注ぎ入れ、冷凍庫に入れて凍らせる。固まったらセルクルとムースフィルムを外し、さらに冷凍庫に2時間おく。

ムース・ショコラ・キャラメル

01. 鍋にグラニュー糖を入れて火にかける。鍋をゆすりながら木べらで混ぜ、グラニュー糖が溶けるのを待つ。キャラメル色になり、表面全体に小さな泡が立ってきたら火を止める。Aの生クリームを加えてしっかり混ぜ合わせ、沸騰させる。

02. ボウルに卵黄とカソナードを入れて混ぜる。沸騰させた01の生クリームの1/3量を加えて混ぜ合わせ、鍋に戻し入れる。中火で78℃に達するまでゴムべらで混ぜながら加熱する。

03. 別のボウルにチョコレートを入れ、沸騰させた生クリームをシノワでこしながらボウルに注ぎ、なめらかなガナッシュになるまで混ぜて乳化させる。Bの生クリームを6分立てに泡立てたら、ガナッシュに加えてよく混ぜる。

04. ギターシートを敷いた天板に直径18cmのセルクルを置く。丸口金（口径12mm）をつけた絞り袋に03のムース・ショコラ・キャラメルを詰める。凍らせたクレーム・オ・ゼピスが入った直径15cmのセルクルの中央に配置し、包み込むようにムースを絞っていく。このとき、気泡が入らないように注意しながら、ムースをパレットなどで水平に整える。

05. ビスキュイジョコンドをフイユティーヌの面を下にしてムースにのせる。少なくとも2時間ほど、冷凍において凍らせる。取り出して、両手でセルクルを温めて型から外す。

ピストレと飾りつけ

01. ボウルにカカオバターとダークチョコレートを入れ、湯煎で溶かしながら混ぜ合わせる。製菓用スプレーガンに詰めて、菓子全体に吹きかける。スプレーガンがない場合には、冷凍庫から冷蔵庫に移し、4時間ほどおいて解凍してから、側面にココアパウダーをふりかけてもよい。

02. 木に生えた苔を再現するため、抹茶パウダーをケーキの側面にまばらにふる。スターアニス、シナモンスティック、クローブ、カルダモンを写真（P.160）のようにケーキの上面に飾る。タイムを不規則な長さで20本ほどに切り分け、切り株から生えた新芽を表現するために、ケーキの上面と側面に刺す。

NOTE

スパイスは新鮮で品質のよいものを選ぶこと。乾燥した食材の場合、鮮度はあまり気にかけられない傾向にありますが、じつはスパイスの質によってスッシュ・ドゥ・ノエルの風味が決まります。なお、お店では専用の型を使うことで切り株上面に年輪の造形を入れています。本書のレシピは一般的なセルクルで作れるように調整してあります。

Amourissime
アムリッシム

いつの日かバラを使った菓子を作りたいと思っていましたが、愛を讃えるバレンタインデーはそのちょうどよいタイミングでした。赤スグリはチョコレートの味とバラをつなぎ合わせながら、花の香りの余韻を長く残してくれています。

分量（6個分）

必要な道具
カードル（56×36cm）…1個
ハート型（6.35×6.5×高さ3cm）…1枚
シリコンのドーム型（直径4×深さ2cm）…1枚
抜き型（ハート／6.35×6.5cm）…1個
※用意したハート型と同サイズ

ビスキュイジョコンド・アマンド
全卵…279g
A　卵白…122g
アーモンドパウダー…373g
粉糖…230g
バター…184g
小麦粉T45（薄力粉）…72g
B　卵白…153g
グラニュー糖…86g

パート・ドゥ・フイユティーヌ
プラリネアーモンド…39g
ミルクチョコレート（ヴァローナ「ジヴァラ・ラクテ」カカオ分40%）…14g
ダークチョコレート（ヴァローナ「エクストラ・ビター」カカオ分61%）…9g
フイユティーヌ…39g

→

ビスキュイジョコンド・アマンド

01. ボウルに全卵とAの卵白を入れ、湯煎して40℃に温める。ミキサーボウルにふるっておいたアーモンドパウダーと粉糖、温めた卵液を入れたら、高速のミキサーで白っぽくなるまで撹拌する。

02. 別のボウルにバターを入れ、湯煎にかけて50℃まで温めたら、01で白っぽくなるまで撹拌した生地の1/4量を加えてよく混ぜる。ふるった小麦粉をミキサーボウルの3/4量の生地に加え、混ぜる。

03. Bの卵白を別のミキサーボウルに入れ、グラニュー糖を加える。ホイッパーを取りつけたミキサーで8分立てになるまで撹拌し、メレンゲを作る。

04. 02の小麦粉入りの生地に03のメレンゲを加えてゴムべらで混ぜ合わせる。均一になじむ前に02のバター生地を加え、混ぜ合わせる。

05. オーブンシートを敷いた天板の上にカードルを置き、生地を流し込み、パレットナイフでなめらかに整えて偏りがないようにする。170℃に予熱したオーブンで20分焼く。

06. カードルとビスキュイの間にパレットをそっとすべらせるように入れて、カードルを取り除く。ビスキュイをケーキクーラーに移して、10分休ませる。

パート・ドゥ・フイユティーヌ

01. ボウルにプラリネアーモンドとホワイトチョコレートを入れ、湯煎で約40℃に温める。フイユティーヌを加え、よく混ぜ合わせ、ビスキュイジョコンドの上面に3mmほどの厚さにパレットで塗り広げる。冷蔵庫で少なくとも10分ほどおく。生地が固まったら、ハートの型で抜き、冷蔵庫で保管しておく。

クレーム・グロゼイユ・ア・ラ・ローズ

01. 鍋にグロゼイユピュレを入れて沸騰させる。ボウルに全卵と卵黄を入れ、あらかじめ混ぜておいたグラニュー糖とコーンスターチを加え、混ぜ合わせる。沸騰したピュレの1/3量をボウルに注ぎ、よく混ぜたら、鍋に戻し入れる。中火にかけ、78℃に達するまでゴムべらで混ぜながら加熱する。火を止めてバターを加え、50℃の湯で溶いておいた粉ゼラチンも加える。

02. 混ぜ合わせたら、シノワでこしながらボウルに移す。ボウルを氷水にあて、15℃程度まで下がり、とろみがでてくるまで冷やす。

03. 02にローズエッセンスを加えてよく混ぜる。ドーム型にクリームを16gずつ注ぎ入れ、冷凍庫で2時間冷やす。

→

クレーム・グロゼイユ・ア・ラ・ローズ

グロゼイユピュレ…188g

全卵…104g

卵黄…94g

グラニュー糖…122g

コーンスターチ…12g

バター…103g

粉ゼラチン…2g

水（50℃の湯にする）…10g

ローズ・エッセンス…1.5g

コンフィチュール・ドゥ・フランボワーズ

フランボワーズピュレ…100g

A　グラニュー糖…50g

水あめ…16g

レモンの果汁…6g

ＮＨペクチン…2g

B　グラニュー糖…15g

ムース・ショコラ・キャラメル

グラニュー糖…28g

乳脂肪分35％生クリーム…55g

卵黄…23g

カソナード…14g

ダークチョコレート（ヴァローナ「トゥラカ
ラム」カカオ分75％）…71g

乳脂肪分35％生クリーム…130g

グラサージュ・オ・ショコラ・ノワール

乳脂肪分35％生クリーム…62g

A　水…95g

転化糖…24g

グラニュー糖…95g

ココアパウダー…50g

粉ゼラチン…7g

B　水（50℃の湯にする）…35g

仕上げ

ダークチョコレートのパールクラッカン（ヴァ
ローナ）…適量

バラの花びら…適量

グロゼイユ果実…適量

コンフィチュール・ドゥ・フランボワーズ

01. 鍋にフランボワーズピュレ、Aのグラニュー糖、水あめ、レモンの果汁を入れて、中火にかける。糖度計で56℃Bに達するまで煮る。糖度計がない場合は沸騰してから、3分煮る。あらかじめ混ぜておいたＮＨペクチンとBのグラニュー糖を加え、混ぜながら30秒加熱する。どろりとして、ペクチンの効果が見えてくるまでが目安。

02. ボウルに移し、ラップを表面に密着させるようにかけ、冷蔵庫に入れる。しっかりと冷えたら、絞り袋に詰める。ドーム型を出し、クレーム・グロゼイユ・ア・ラ・ローズの上にフランボワーズのコンフィチュールを縁いっぱいまで絞っていく。冷凍庫に入れて2時間冷やす。

ムース・ショコラ・キャラメル

01. 鍋にグラニュー糖を入れて火にかける。鍋をゆすりながら木べらで混ぜ、グラニュー糖が溶けるのを待つ。キャラメル色になり、表面全体に小さな泡が立ってきたら火を止める。Aの生クリームを加えてしっかり混ぜ合わせ、沸騰させる。

02. ボウルに卵黄とカソナードを入れて混ぜる。沸騰させた01の生クリームの1/3量を加えて混ぜ合わせ、鍋に戻し入れる。中火で78℃に達するまでゴムべらで混ぜながら加熱する。

03. ボウルにチョコレートを入れ、沸騰させた生クリームをシノワでこしながらボウルに注ぎ、全体が均一になるように混ぜて乳化させ、なめらかなガナッシュを作る。Bの生クリームを6分立てに泡立てたら、ガナッシュに加えてよく混ぜ、絞り袋に詰める。

04. ムースをハート型の3/4の高さまで、空気が入らないように注意しながら絞る。冷凍したドーム型のクレーム・グロゼイユ・ア・ラ・ローズを取り出し、ハート型のムースの中央に押し込む。フタをするようにムースを絞り、パレットナイフで表面を整えて平らにする。ビスキュイジョコンドのフイユティーヌが塗ってある面をムース側にしてのせる。冷凍庫で少なくとも3時間冷やす。

グラサージュ・オ・ショコラと仕上げ

01. 鍋に生クリーム、Aの水、転化糖を入れて沸騰させる。ボウルにグラニュー糖とココアパウダーを入れてよく混ぜたら、鍋に混ぜながら加える。鍋を中火にし、2分ほど混ぜながら煮立たせて、ココアパウダーを完全に溶かす。チョコレートにツヤが出てくるのが目安。Bの水を50℃の湯にして粉ゼラチンを溶かし、鍋に加える。シノワでこしながらボウルに移し、表面に密着させるようにラップをかける。

02. 35℃までに冷めたところで、冷凍庫からショコラのムースを取り出してケーキクーラーに置き、グラサージュを全体を覆うようにかける。ケーキの下面部分にパールクラッカンを飾り、グロゼイユとバラの花びらをのせる。

NOTE

ムースに使うチョコレートは、赤色のベリー類のような酸味のあるものやフルーティーな味わいのものを選ぶとよいでしょう。

Amourissime アムリッシム

65 avenue de Breteuil, Paris VII

Recettes
de base

基本のレシピ

P. 170 クレーム パティシエール   P. 171 パータ シュー   P. 172 フイユタージュ アンヴェルセ

P. 176 パート シュクレ エ パート シュクレ オ ショコラ   P. 177 クレーム ダマンド

P. 178 パート フィロの折り込み   P. 180 チョコレートのテンパリング

Crème pâtissière

クレーム パティシエール

クレーム・パティシエールはヨーロッパの菓子の基礎となっています。日本の伝統的な和菓子にたとえるなら、小豆から作られる《あん》にあたるでしょうか。エクレアやルリジューズ、トロペジエンヌなど……挙げたらきりがないほど、たくさんのフランス菓子に使われています。フランジパーヌやクレーム・ムースリーヌといったバリエーションもさまざま。作るときはクリームを炊く時間に常に気を配ることが大切。最近では、クレーム・パティシエールの準備を専用の機械に任せてしまっているパティスリーも少なくありあません が、私は自分の手で作り続けています。火もIHではなくガスのコンロで。この手作りに職人の真髄があると思っているのです。

分量（800g分）

卵黄…90g
グラニュー糖…125g
小麦粉 T45（薄力粉）…23g
コーンスターチ…23g
バニラビーンズ…1/4本
牛乳…500g
バター…40g

クレーム・パティシエール

01. ボウルに卵黄を入れ、ホイッパーで卵黄をほぐすように混ぜる。

02. グラニュー糖を加え、色が白っぽくなるまで混ぜる。

03. 粉類を合わせてふるい入れ、混ぜる。

04. バニラビーンズを縦半分に切り、包丁の刃先で種をこそぎ出す。

05. 鍋にバニラビーンズの種と鞘、牛乳を入れ、沸騰させる。

06. ボウルに鍋の1/3量を注ぎ、しっかり混ぜてグラニュー糖を溶かしきり、全体を均一なクリームにする。

07. 鍋に戻し入れる。強火にかけ、鍋の底が焦げつかないようにホイッパーで絶えず混ぜ続ける。クリームに火が入るととろみが出て、もったりとしてくる。焦げないよう注意しながら、さらに混ぜ続けると、なめらかな状態になる。ツヤがでて、さらりとしてきたら、火を止める。

08. バターを加えて混ぜ合わせる。

09. シノワでこしてボウルに入れる。

10. バットに流したら上からクリームにラップを密着させてかぶせ、表面に膜ができないようにする。

11. バットを氷水に浸して、クリームを急速に冷やす。氷水から外して冷蔵庫で冷やす。

Pâte à choux

パータ シュー

昔ながらのレシピでは、たいてい「卵を数回に分けて入れる」という指示があります。しかし、私がおすすめするのは一度に入れるやり方。フランスのパティスリーで働いた際に学んだ作り方ですが、きれいな生地に仕上がります。

分量（854g分）

水…150g

牛乳…150g

バター…128g

グラニュー糖…5g

塩…5g

小麦粉 T55（ミノトリー・ヴィロン「ラ トラディション フランセーズ」）…180g

全卵…236g

アパレイユ

01. 鍋に分量の水、牛乳、バター、砂糖、塩を入れて沸騰させる。

02. ミキサーボウルに注ぎ、あらかじめふるっておいた小麦粉を一度に加える。ホイッパーを取りつけた中速のミキサーで3分攪拌し、水分を飛ばす。

03. 18℃にしておいた全卵を一度に加え、中速のミキサーで混ぜ続ける。

04. すくいあげると、とろりとリボン状に流れるくらいの柔らかさになったら、絞り袋に詰める。

NOTE

シュー生地を上手に作るには、ある程度の量を作る必要があります。そのため、余った生地は別のレシピで使えるように冷凍保存するのがおすすめです。ただし、冷凍する前に何を作るかは決めておかなければなりません。たとえば、エクレアを作りたいのであれば、あらかじめその形に絞ってから冷凍してください。

Feuilletage inversé
フイユタージュ アンヴェルセ

生地を寝かせる時間を守ることが大切です。冷蔵庫に生地を入れるのは冷やすためだけではなく、生地のグルテンを落ち着かせるための時間でもあるので、急ぐ気持ちを抑えて待つのが成功の鍵。

分量（1kg分）

必要な道具
ギターシート…2枚

デトランプ
水…181g
ホワイトビネガー…4g
バター…241g
小麦粉 Gruau T45（薄力粉）…563g
塩…11g

折り込みバター
折り込み用バター…603g
小麦粉 T55（ミノトリー・ヴィロン「ラ トラディション フランセーズ」）…241g

折り込みバター（前日に準備）

01. ミキサーボウルに、粉類と室温に戻したバターを入れる。フックを取りつけた中速のミキサーで粉けがなくなる程度まで混ぜ合わせる。

02. 生地をギターシートで包み、麺棒で押しながら長方形に整える。冷蔵庫で12時間ほど休ませる。

デトランプ（前日に準備）

01. 分量の水とホワイトビネガーを冷蔵庫で約5℃に冷やす。バターは溶かして約40℃にする。

02. ミキサーボウルに小麦粉と塩を入れ、あらかじめ混ぜておいた水とホワイトビネガーを加え、30℃まで冷ましたバターを入れる。フックを取りつけた中速のミキサーで5〜10分混ぜる。生地全体が均一になり、まとまるのが目安。

03. 02の生地をギターシートの上に移し、麺棒で押しつぶしていくようにしながら平らにする。生地をのばして、折り込みバターと同じ大きさの長方形にする。冷蔵庫で12時間おく。

フイユタージュ・アンヴェルセの作りかた
P.174の「Pas à pas」を参照。

Pas à pas
フイユタージュ・アンヴェルセの作り方

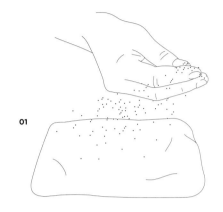

01 折り込み用のバターにしっかりと打ち粉をする。

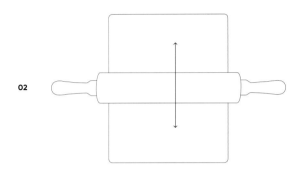

02 麺棒で長方形にのばす。

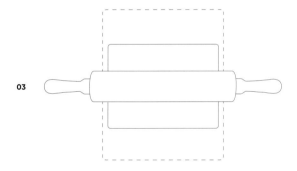

03 デトランプも同じ手順で進める。縦の長さが折り込み用バターの1/3程度の長方形になるように整える。

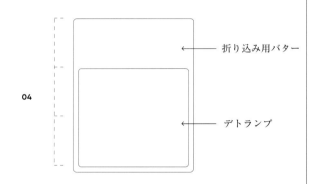

04 折り込み用バターの上にデトランプを重ねて置く。長方形の下の辺に合わせる。

折り込み用バター
デトランプ

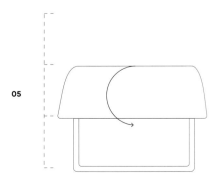

05 バターをデトランプの上端で折る。

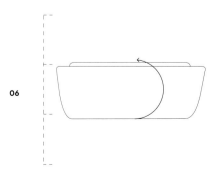

06 バターとデトランプを重ねたまま半分に折る。

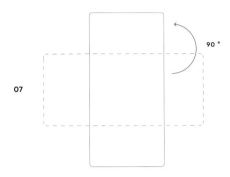

07 生地を90度回転させる。

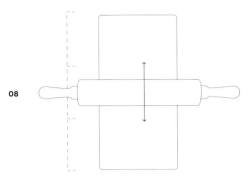

08 生地を縦方向にのばす。

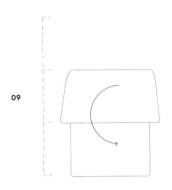

09 向こう側から手前に向かって生地の1/3の長さ分を折る。さらに手前から2つ折りにする。

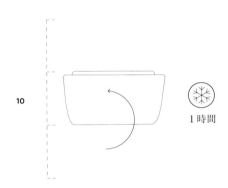

10 ラップで包んで冷蔵庫に1時間おく。

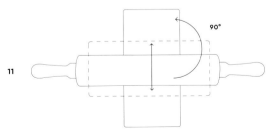

11 生地の長辺を手前にして置いたら、麺棒を使ってのばしていく。向こう側から手前に向かって1/3の長さ分を折る。さらに手前からも折り、三つ折りにする。

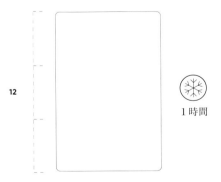

12 ラップで包んで冷蔵庫に1時間おく。手順11の工程を2回くり返し、その都度、最低1時間は冷蔵庫で生地を休ませる。

Pâte sucrée
et pâte sucrée au chocolat

パート シュクレ
パート シュクレ オ ショコラ

アーモンドパウダーとヘーゼルナッツパウダーを加えることで深みのある味わいに仕上げています。
生地の味と香りを引き立たせてくれるのです。

分量（1kg分）

パート・シュクレ
粉糖…178g
塩…4g
バター…267g
全卵…86g
アーモンドパウダー…43g
ヘーゼルナッツパウダー…24g
小麦粉 T55（ミノトリー・ヴィロン「ラ トラディ
ション フランセーズ」）…398g

パート・シュクレ・オ・ショコラ
粉糖…177g
塩…4g
バター…265g
全卵…86g
アーモンドパウダー…42g
ヘーゼルナッツパウダー…24g
小麦粉 T55（ミノトリー・ヴィロン「ラ トラディ
ション フランセーズ」）…361g
ココアパウダー…42g

パート・シュクレ

01. ミキサーボウルに粉糖、室温に戻したバターを
入れる。フラットビーターを取りつけた中速のミキ
サーで、粉糖がなくなる程度を目安に混ぜ合わせ
る。

02. 室温に戻した全卵を3回に分けて加える。その
都度、乳化させながら混ぜ合わせる。アーモンドパ
ウダーとヘーゼルナッツパウダーと小麦粉をあわせ
てふるい、ボウルに加え、全体をしっかりと混ぜる。

03. 生地をラップに包んで、冷蔵庫で少なくとも3
時間は休ませる。

パート・シュクレ・オ・ショコラ

01. ミキサーボウルに粉糖、室温に戻したバターを
入れる。フラットビーターを取りつけた中速のミキ
サーで、粉糖がなくなる程度を目安に混ぜ合わせ
る。

02. 室温に戻した全卵を3回に分けて加える。その
都度、乳化させながら混ぜ合わせる。アーモンドパ
ウダーとヘーゼルナッツパウダーを合わせてふる
い、ボウルに加え、全体をしっかりと混ぜる。次に、
小麦粉とココアパウダーを合わせてふるい、加え
る。全体が均一になるまで混ぜ合わせる。

03. 生地をラップに包んで、冷蔵庫で少なくとも3
時間は休ませる。

Crème d'amande

クレーム ダマンド

クレーム・ダマンドはフランス菓子の基本のひとつ。たとえば、フルーツタルトでは生地にクレーム・ダマンドを塗って焼き上げ、仕上げにフルーツやクレーム・フエテを飾ります。モンブランを作るときにはパート・フィロの上に絞って一緒に焼く。ほかにもガレット・デ・ロワのクレーム・フランジパンヌのように、クレーム・パティシエールと混ぜて絞るという使い方もあります。

分量（770g分）

粉糖…200g
アーモンドパウダー…200g
バター…200g
全卵…170g

クレーム・ダマンド

01. 粉糖とアーモンドパウダーを別々にふるう。

02. ミキサーボウルに常温に戻してほぐしたバターと粉糖を入れる。フラットビーターを取りつけた中速のミキサーで、粉糖がなくなる程度を目安に混ぜ合わせる。空気が入って白っぽくならないようにすること。

03. 別のボウルに全卵を入れ、湯煎して約30℃まで温め、02のボウルに少しずつなじませながら加える。アーモンドパウダーを加えて、混ぜ合わせる。冷蔵庫で冷やしておく。

NOTE

バターと砂糖を混ぜすぎると、どうしても空気が多く入り込んでしまいます。空気の入り度合によっては、焼成中にふくらみすぎて、しぼんだ焼き上がりになってしまうので注意を。

Plissage de la pâte filo
パート・フィロの折り込み

パート・フィロには、パータ・シュクレやフイユタージュでは出せない独特の食感があります。
薄く、しなやかな生地ですが、バターを1枚ずつ塗っていき、3層にすることでパリッ、サクッとした焼き上がりになるのです。

モンブラン（P.140を参照）

必要な道具
セルクル（直径15×高さ2cm）…1個

材料
パート・フィロ…3枚
バター…適量

トンベ・ダン・レ・ポム（P.86を参照）

必要な道具
セルクル（直径8×高さ2cm）…1個

材料
パート・フィロ…6枚
バター…適量

パート・フィロの折り込み

01. パート・フィロを1枚置き、溶かしバターをハケで全体に薄く塗る。その上にもう1枚パート・フィロを重ねる。もう一度この作業を繰り返し、3枚1セットのパート・フィロを作る。

02. 手のひらを生地にあて、すべらせるように動かし、生地の間の空気を抜く。

03. トンベ・ダン・レ・ポムを作る場合には、同様の手順でもう1セット作る。

04. レシピに書かれた大きさの正方形に生地を切り出す。

セルクルに折りこむ

P.179の「Pas à pas」を参照。

Pas à pas
パート・フィロの折り込み

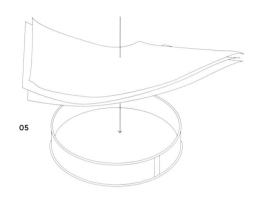

05

3層にした正方形の生地をセルクルの上に置く。
押し込まないように注意。

06

生地の角が自分の正面にくるようにセルクルを回す。その角の頂点が型の外にはみ出るように、生地の位置を調整する。型の底から頂点までの長さは5cm以上が目安。

07

生地で三角形を作るように底辺の2点を指でつまみ上げる。
三角形の高さは、セルクルよりも低くならないようにする。

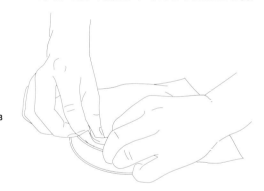

08

つまんだひだを手前に引き寄せて、セルクルの内側と生地の間に人差し指で生地を折りこむ。角の先がセルクルから少し突き出した形になればよい。

09

生地を左から右に寄せ、ひだを作って折る。次の角にあたるまでセルクルを回しながら続ける。2つめの角も1つめと同様の手順で折り込む。

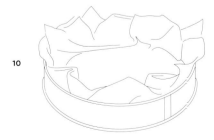

10

生地を折りながらセルクルを一周する。突き出た4つの角の頂点をそれぞれセルクルと生地の間に差しこむかたちで折っていき、整える。

Tempérage du chocolat

チョコレートのテンパリング

カカオバターのばらばらな状態の油脂結晶を可能な限り均質化し、最も安定した状態に結晶を揃える方法がテンパリング（調温）です。チョコレートを扱う仕事をするなら身につけなければならない技術でしょう。
つややかで口どけのよいチョコレートに仕上がるだけでなく、表面が白く変色するブルーム現象も避けることができます。

テンパリングの理解

カカオバターは気まぐれな性質で、融点、密度、結晶構造などが異なるおもに6種類の結晶多形があります。テンパリングをしていないチョコレートは、これらの結晶型が混在している状態のため、それぞれの結晶が別々の温度で溶けだすなど、保存が難しく、なめらかな口溶けも楽しめません。ばらばらの結晶型を揃えて安定させることができるテンパリングは、しっかりとチョコレートという素材を扱いたいのであれば、習得しなければならない技術といえるでしょう。

カカオバターの結晶多形はⅠ～Ⅵ型に分類されます。数字が大きくなるほど、融点も高くなります。

Ⅰ～Ⅳ型は溶けだす温度が低いことに加えて、低密度のためチョコレートを型から外しづらく、製菓には向かない不安定な性質です。
Ⅵ型は、カカオバター自体の状態としては安定していますが、融点が高いのでチョコレートの表面が白化しやすくなります。口のなかで溶けにくく、結晶粒径が粗いため、溶けてもざらついた食感で、見た目のつややかさにも難があります。

Ⅴ型が製菓に最も適しています。融点は体温より少し低い33℃。結晶粒径も細かいので、表面も光沢がでて美しく、パキっとした心地よい歯ごたえとなめらかな口溶けも得られます。また、高密度なので型外れもよい仕上がりになります。

このⅤ型の結晶に揃えるためのテンパリングを3つ紹介します。どれも本書のレシピとの相性がよい方法です。複雑な技術ではありませんが、ある程度の練習は必要でしょう。また、テンパリング時には、非接触温度計があると作業しやすいです。

NOTE

チョコレートの分量は各レシピに記載していますので、ここでは省略します。テンパリングにおいてもっとも大事なのは、それぞれの技法で示している温度を正確にしっかりと守ることです。指定している温度は材料の分量によって変えないようにしてください。

タブリール法（マーブルテンパリング）

01. ボウルにチョコレートを入れたら湯煎して溶かしていく。ダークチョコレートの場合は50℃、ミルクチョコレートとホワイトチョコレートの場合は40℃になるまで、一定の速度で混ぜながら温める。

02. チョコレートが溶けきったら、ボウルを湯煎から外す。大理石の上に2/3量のチョコレートを流す。パレットナイフやスケッパーで薄く広げ、こすってまとめる。「外側に広げる」⇔「内側に戻す」という動きを素早くくり返して結晶化させ、チョコレート全体の温度を下げる。それぞれ、ダークチョコレートは27℃、ミルクチョコレートは26℃、ホワイトチョコレートは25℃。少し固まり始めるくらいが目安。

03. チョコレートをかき集めてボウルに戻し入れ、残っていた1/3量とやさしく混ぜ合わせる。ダークチョコレートは31℃、ミルクチョコレートは29℃、ホワイトチョコレートは28℃に下がるまで混ぜ続ける。

NOTE

温度はあくまで目安であり、特にチョコレートに含まれているカカオバターの量によって温度は変わります。カカオバターの割合が高いほど、高温度帯での調温となります。チョコレートの種類やブランドよっても、温度帯は細かく変わってきます。チョコレートのパッケージや製造元のウェブサイトに推奨される温度帯が書かれている場合が多いので、確認してみてください。チョコレートを広げる前に大理石の台は清潔にしてから、しっかりと乾燥させておき、温度も23℃に近づけておくこと。タブリール法は昔ながらの技法ですが、理石の上にチョコレートを広げることで、ほかの方法よりも早く温度を下げられます。スケッパーやパレットでチョコレートを混ぜているときも、温度計をこまめに確認し、結晶化がはじまるタイミングを感じとれるようにしましょう。

RECETTES DE BASE

水冷法（ボウルテンパリング）

01. 刻んだチョコレートをボウルに入れて湯煎にかけ、溶かしていく。ダークチョコレートの場合は50℃、ミルクチョコレートとホワイトチョコレートの場合は40℃になるまで、一定の速度で混ぜながら温める。

02. ボウルを冷水にあて、手を止めずに混ぜ続ける。ダークチョコレートは27℃、ミルクチョコレートは25℃、ホワイトチョコレートは24℃になるまで冷やす。

03. ボウルを温かい湯煎に戻してやさしく混ぜながら、ダークチョコレートは31℃、ミルクチョコレートは29℃、ホワイトチョコレートは28℃になるまで温める。

N O T E ────────────────

湯煎をしているときに水がチョコレートに混入してしまうのを避けるため、十分な大きさのボウルを用意してください。また、氷水を使ってボウルを冷やす場合には、水位がチョコレートのラインを越えないように注意を。それよりも高くなると、ボウルに水滴が生じて、チョコレートに垂れてしまう恐れがあります。急激な温度の変化には注意すること。冷水にあてるときは、チョコレート全体が均一に冷えて固まっていくようにします。温めるときも熱湯には浸さないこと。ただし、湯煎の時間があまり長くなりすぎないようにし、浸けている間は、絶えず混ぜ続けるのを忘れずに。

フレーク法

01. レシピの材料に記載されたチョコレートの2/3量を細かく刻み、ボウルに入れて湯煎にかけ、溶かしていく。ダークチョコレートの場合は50℃、ミルクチョコレートとホワイトチョコレートの場合には40℃になるまで、一定の速度で混ぜながら温める。

02. 残りの1/3量のチョコレートを小さく砕いて、少しずつボウルに加え、ゆっくりと混ぜてなじませる。

03. 手を止めずに混ぜ続け、ダークチョコレートは31℃、ミルクチョコレートは29℃、ホワイトチョコレートは28℃になるまで続ける。

N O T E ────────────────

チョコレートはしっかりと細かくなるまで砕いておかないと、ボウルに加えたときに溶けきらないことがあります。もしチョコレートのかけらが溶ける前に目標の温度に達してしまった場合には、数秒間だけ、よく混ぜながら湯煎してください。ただし、33℃を越えてしまわないように注意し、かけらが溶けきるまでこの手順を何度もくり返します。

GÂTEAUX

Index

A

ABRICOT （アプリコット）
タルト オ ザブリコ .... P. 044

AMANDES （アーモンド）
マドレーヌ .... P. 034
タルト オ ネクタリン .... P. 040
パリブレスト オ セザム ノワール .... P. 048
シシリア .... P. 052
ポロネーズ オ カシス .... P. 068
ガレット デ ロワ オ シトロン .... P. 078
トンベ ダン レ ポム .... P. 086
ソリエス .... P. 102
ケーク アマンド エラーブル .... P. 106
サブレ ドゥ ブルトゥイユ .... P. 114
パリブレスト オ シトロン .... P. 122
タルト フロランティーヌ .... P. 128
マカロン カカオ .... P. 136
モンブラン .... P. 140
ベージュ .... P. 146
M .... P. 150
ヴァニリエ .... P. 154
スッシュ ドゥ ノエル .... P. 160
アムリッシム .... P. 164
パート シュクレ .... P. 176
パート シュクレ オ ショコラ .... P. 176
クレーム ダマンド .... P. 177
パート フィロの折り込み .... P. 178

ANIS （スターアニス）
スッシュ ドゥ ノエル .... P. 160

B

BAIES DE CASSIS （カシス）
ポロネーズ オ カシス .... P. 068

BANANE （バナナ）
ショソン ア ラ バナーヌ .... P. 028
バナナブレッド .... P. 032
クレーム ブリュレ ア ラ バナーヌ .. P. 076
ルーレ オ フリュイ .... P. 092

BÂTON DE CANNELLE
（シナモンスティック）
スッシュ ドゥ ノエル .... P. 160

BEURRE DE CACAO
（カカオバター）
ベージュ .... P. 146

スッシュ ドゥ ノエル .... P. 160
チョコレートのテンパリング .... P. 180

BEURRE DE TOURAGE
（折り込みバター）
パン オ ショコラ .... P. 018
クロワッサン .... P. 020
ブリオッシュ フイユテ .... P. 024
フイユタージュ アンヴェルセ .... P. 172

C

CARDAMOME VERTE
（グリーンカルダモン）
ヴェルティージュ .... P. 042
スッシュ ドゥ ノエル .... P. 160

CHANTILLY （シャンティイ）
パヴロヴァ エグゾティック .... P. 050
タタン ドール .... P. 080
モンブラン .... P. 140

CHOCOLAT （チョコレート）
パン オ ショコラ .... P. 018
ヴェルティージュ .... P. 042
エクレール オ カフェ エ オ ショコラ .... P. 126
ラ タルト オ ショコラ .... P. 132
ブラウニー .... P. 134
マカロン カカオ .... P. 136
ベージュ .... P. 146
M .... P. 150
ヴァニリエ .... P. 154
スッシュ ドゥ ノエル .... P. 160
アムリッシム .... P. 164
パート シュクレ オ ショコラ .... P. 176
チョコレートのテンパリング .... P. 180

CITRON CONFIT
（レモンのコンフィ）
タルト オ シトロン .... P. 116

CITRON SEMI-CONFIT
（レモンのセミ・コンフィ）
ガレット デ ロワ オ シトロン .... P. 078

CITRON VERT （ライム）
コンフィチュール ダグリュム .... P. 026
ヴェルティージュ .... P. 042
アンタレス .... P. 108
ベージュ .... P. 146

CONFITURE DE CASSIS
（カシスのコンフィチュール）
ポロネーズ オ カシス .... P. 068

CREAM CHEESE
（クリームチーズ）
チーズケーキ .... P. 084

CRÈME D'AMANDES
（クレーム ダマンド）
タルト オ ネクタリン .... P. 040
ガレット デ ロワ オ シトロン .... P. 078
トンベ ダン レ ポム .... P. 086
モンブラン .... P. 140
クレーム ダマンド .... P. 177

CRÈME ÉPAISSE
（クレーム・エペス）
チーズケーキ .... P. 084

CRÈME FOUETTÉE
（クレーム・フエテ）
パヴロヴァ エグゾティック .... P. 050
シシリア .... P. 052
ミルクレープ .... P. 056
フレジエ ジャポネ .... P. 060
タルト トロペジエンヌ .... P. 066
ポロネーズ オ カシス .... P. 068
トンベ ダン レ ポム .... P. 086
ルーレ オ フリュイ .... P. 092
サントノレ ピスターシュ フランボワーズ
.... P. 098
アンタレス .... P. 108
モンブラン .... P. 140
ベージュ .... P. 146
M .... P. 150
ヴァニリエ .... P. 154
スッシュ ドゥ ノエル .... P. 160
アムリッシム .... P. 164

CRÈME PÂTISSIÈRE
（クレーム パティシエール）
タルト オ ザブリコ .... P. 044
パリブレスト オ セザム ノワール ... P. 048
ミルクレープ .... P. 056
タルト トロペジエンヌ .... P. 066
ポロネーズ オ カシス .... P. 068
ミルフイユ ノワゼット .... P. 072
ババ ミステリュー .... P. 074
ガレット デ ロワ オ シトロン .... P. 078
トンベ ダン レ ポム .... P. 086
ルーレ オ フリュイ .... P. 092

サントノレ　ピスターシュ　フランボワーズ
....P. 098
ソリエス ....P. 102
パリブレスト　オ　シトロン ....P. 122
エクレール　オ　カフェ　エ　オ　ショコラ
....P. 126
モンブラン ....P. 140
クレーム　パティシエール ....P. 170
クレーム　ダマンド ....P. 177

E

EAU DE FLEUR D'ORANGER
（オレンジフラワーウォーター）
タルト　トロペジエンヌ ....P. 066

F

FEUILLES DE PÂTE FILO
（パート　フィロ）
トンベ　ダン　レ　ポム....................P. 086
モンブラン ....P. 140
パート　フィロの折り込み ....P. 178

FEUILLETAGE INVERSÉ
（フイユタージュ　アンヴェルセ）
ショソン　ア　ラ　バナーヌ ....P. 028
タルト　オ　ネクタリン....................P. 040
タルト　オ　ザブリコ ....P. 044
タルト　ア　ラ　リュバーブ ....P. 058
ミルフイユ　ノワゼット ....P. 072
ガレット　デ　ロワ　オ　シトロン ....P. 078
タタン　ドール ....P. 080
サントノレ　ピスターシュ　フランボワーズ
....P. 098
タルト　フロランティーヌ ....P. 128
フイユタージュ　アンヴェルセ ....P. 172

FRAISES （いちご）
フレジエ　ジャポネ ....P. 060
ルーレ　オ　フリュイ ....P. 092
アンタレス ....P. 108

FRAMBOISE （フランボワーズ）
サントノレ　ピスターシュ　フランボワーズ
....P. 098

FRUITS DE LA PASSION
（パッションフルーツ）
パヴロヴァ　エグゾティック ....P. 050

バパ　ミステリュー ....P. 074

G

GRAINES DE SÉSAME NOIR
（黒ごま）
パリブレスト　オ　セザム　ノワール.....P. 048

GRIOTTE （グリオットチェリー）
シシリア ....P. 052

GROSEILLE（クロゼイユ果実）
アムリッシム ....P. 164

GRUÉ DE CACAO （カカオニブ）
マカロン　カカオ ....P. 136

J

JUS DE CITRON （レモン果汁）
タルト　オ　ザブリコ ....P. 044
シシリア ....P. 052
タルト　ア　ラ　リュバーブ ....P. 058
バパ　ミステリュー ....P. 074
クレーム　ブリュレ　ア　ラ　バナーヌ .P. 076
ガレット　デ　ロワ　オ　シトロン ....P. 078
タタン　ドール ....P. 080
トンベ　ダン　レ　ポム....................P. 086
ケーク　オ　シトロン ....P. 096
アンタレス ....P. 108
タルト　オ　シトロン ....P. 116
アムリッシム...............................P. 164

K

KIWI （キウイ）
パヴロヴァ　エグゾティック ....P. 050
ルーレ　オ　フリュイ ....P. 092

L

LAIT CONCENTRÉ SUCRÉ
（加糖練乳）
クレーム　キャラメル　ジャポネーズ ..P. 036

M

MANDARINE （マンダリン）
M ....P. 150
スッシュ　ドゥ　ノエル ....P. 160

MANGUE （マンゴー）
パヴロヴァ　エグゾティック ....P. 050
バパ　ミステリュー ....P. 074
ルーレ　オ　フリュイ ....P. 092

MARRON CONFIT
（マロンコンフィ）
モンブラン ....P. 140

MASCARPONE （マスカルポーネ）
ミルクレープ ....P. 056
フレジエ　ジャポネ ....P. 060
タルト　トロペジエンヌ ....P. 066
タタン　ドール ....P. 080
ルーレ　オ　フリュイ ....P. 092
ケーク　オ　シトロン ....P. 096
サントノレ　ピスターシュ　フランボワーズ
....P. 098
アンタレス ....P. 108
エクレール　オ　カフェ　エ　オ　ショコラ
....P. 126
モンブラン ....P. 140
ヴァニリエ ....P. 154

MIEL （はちみつ）
バナナブレッド ....P. 032
チーズケーキ ....P. 084
タルト　フロランティーヌ ....P. 128
スッシュ　ドゥ　ノエル ....P. 160

N

NECTARINES JAUNES
（ネクタリン）
タルト　オ　ネクタリン....................P. 040

NOISETTES （ヘーゼルナッツ）
パリブレスト　オ　セザム　ノワール.....P. 048
フレジエ　ジャポネ ....P. 060
ミルフイユ　ノワゼット ....P. 072
フェナンシェ　オ　ノワゼット ....P. 120
パリブレスト　オ　シトロン ....P. 122
タルト　フロランティーヌ ....P. 128
ラ　タルト　オ　ショコラ ....P. 132
M ....P. 150

GÂTEAUX

スッシュ ドゥ ノエル .... P. 160
パート シュクレ .... P. 176

NOISETTES NOUGATINE
（ヘーゼルナッツのヌガティーヌ）
ミルフイユ ノワゼット .... P. 072
ラ タルト オ ショコラ .... P. 132
M .... P. 150

NOIX （クルミ）
バナナブレッド .... P. 032
タルト フロランティーヌ .... P. 128
ブラウニー .... P. 134

NOIX DE COCO （ココナッツ）
パヴロヴァ エグゾティック .... P. 050
ババ ミステリュー .... P. 074
サブレ ア ラ ノワ ドゥ ココ .... P. 090

NOIX DE PÉCAN （ピーカンナッツ）
タルト フロランティーヌ .... P. 128
ブラウニー .... P. 134

O

ORANGE （オレンジ）
コンフィチュール ダグリュム .... P. 026
ショソン ア ラ バナーヌ .... P. 028
ポロネーズ オ カシス .... P. 068
ソリエス .... P. 102
タルト フロランティーヌ .... P. 128
ベージュ .... P. 146
カヌレ .... P. 158

P

PAMPLEMOUSSE
（グレープフルーツ）
コンフィチュール ダグリュム .... P. 026

PÂTE À BRIOCHES
（パータ・ブリオッシュ）
ブリオッシュナンテール .... P. 022
ブリオッシュ フイユテ .... P. 024
タルト トロペジエンヌ .... P. 066

PÂTE À CHOUX （パータ シュー）
パリブレスト オ セザム ノワール ... P. 048
フレジエ ジャポネ .... P. 060

ルーレ オ フリュイ .... P. 092
サントノレ ピスターシュ フランボワーズ
.... P. 098
パリブレスト オ シトロン .... P. 122
エクレール オ カフェ エ オ ショコラ
.... P. 126
パータ シュー .... P. 171

PÂTE D'AMANDES
（パート・ダマンド）
ケーク アマンド エラーブル .... P. 106

PÂTE DE MARRONS
（マロンペースト）
モンブラン .... P. 140

PÂTE DE PISTACHE
（ピスタチオペースト）
シシリア .... P. 052
サントノレ ピスターシュ フランボワーズ
.... P. 098

PÂTE DE SÉSAME （黒ごまペースト）
パリブレスト オ セザム ノワール .... P. 048

PÂTE FEUILLETÉE
（パート・フイユテ）
ショソン ア ラ バナーヌ .... P. 028
タルト オ ザブリコ .... P. 044
タルト ア ラ リュバーブ .... P. 058
タタン ドール .... P. 080
サントノレ ピスターシュ フランボワーズ
.... P. 098
タルト フロランティーヌ .... P. 128

PÂTE SUCRÉE AU CHOCOLAT
（パート シュクレ オ ショコラ）
ラ タルト オ ショコラ .... P. 132
ベージュ .... P. 146
パート シュクレ .... P. 176

PÉTALES DE FLEURS DE
BLEUET
（フルール・ドゥ・ブルエの花びら）
ベージュ .... P. 146

PISTACHES （ピスタチオ）
シシリア .... P. 052
サントノレ ピスターシュ フランボワーズ
.... P. 098
タルト フロランティーヌ .... P. 128

POMME （りんご）
タタン ドール .... P. 080
トンベ ダン レ ポム .... P. 086

POUDRE D'AMANDES
（アーモンドパウダー）
マドレーヌ .... P. 034
シシリア .... P. 052
ソリエス .... P. 102
サブレ ドゥ ブルトゥイユ .... P. 114
マカロン カカオ .... P. 136
M .... P. 150
ヴァニリエ .... P. 154
スッシュ ドゥ ノエル .... P. 160
アムリッシム .... P. 164
パート シュクレ .... P. 176
クレーム ダマンド .... P. 177
パート フィロの折り込み .... P. 178

POUDRE DE BLANCS
D'OEUFS （乾燥卵白）
フレジエ ジャポネ .... P. 060
ルーレ オ フリュイ .... P. 092
アンタレス .... P. 108

POUDRE DE CACAO
（カカオパウダー）
ヴェルティージュ .... P. 042
エクレール オ カフェ エ オ ショコラ
.... P. 126
ラ タルト オ ショコラ .... P. 132
マカロン カカオ .... P. 136
M .... P. 150
アムリッシム .... P. 164
パート シュクレ .... P. 176

POUDRE DE CANNELLE
（シナモンパウダー）
タタン ドール .... P. 080

POUDRE DE MATCHA
（抹茶パウダー）
スッシュ ドゥ ノエル .... P. 160

POUDRE DE NOISETTE
（ヘーゼルナッツパウダー）
フェナンシェ オ ノワゼット .... P. 120
M .... P. 150
スッシュ ドゥ ノエル .... P. 160
パート シュクレ .... P. 176

POUDRE DE PISTACHES
（ピスタチオパウダー）
シシリア .... P. 052

PRALINÉ AMANDES
（アーモンドプラリネ）
パリブレスト オ セザム ノワール ... P. 048
パリブレスト オ シトロン .... P. 122
ベージュ .... P. 146
ヴァニリエ .... P. 154
スッシュ ドゥ ノエル .... P. 160
アムリッシュ .... P. 164

PRALINÉ NOISETTES
（ヘーゼルナッツプラリネ）
パリブレスト オ セザム ノワール ... P. 048
ミルフイユ ノワゼット .... P. 072
ラ タルト オ ショコラ .... P. 132
M .... P. 150

PRALINÉ PISTACHE
（ピスタチオプラリネ）
サントノレ ピスターシュ フランボワーズ
.... P. 098

PURÉE DE CASSIS （カシスピュレ）
ボロネーズ オ カシス .... P. 068

PURÉE DE CITRON
（ライムピュレ）
アンタレス .... P. 108

PURÉE DE FRAISES
（いちごピュレ）
フレジエ ジャポネ .... P. 060
アンタレス .... P. 108

PURÉE DE FRUITS DE LA PASSION （パッションフルーツピュレ）
ババ ミステリュー .... P. 074

PURÉE DE GROSEILLES
（赤スグリ【クロゼイユ】ピュレ）
アムリッシュ .... P. 164

PURÉE DE MANGUES
（マンゴーピュレ）
ババ ミステリュー .... P. 074

PURÉE DE MARRONS
（マロンペースト）
モンブラン .... P. 140

PURÉE DE NOIX DE COCO
（ココナッツピュレ）
パヴロヴァ エグゾティック .... P. 050

PURÉE DE POMMES
（青りんごピュレ）
トンベ ダン レ ポム .... P. 086

R

RAISIN SEC （干しぶどう）
タルト フロランティーヌ .... P. 128

RHUBARBE ROUGE （赤ルバーブ）
タルト ア ラ リュバーブ .... P. 058

RHUM （ラム酒）
ケーク オ シトロン .... P. 096
モンブラン .... P. 140
カヌレ .... P. 158

ROSE （バラの花びら）
シシリア .... P. 052
アムリッシュ .... P. 164

S

SIROP D'ÉRABLE
（メープルシロップ）
ケーク アマンド エラーブル .... P. 106

SPÉCULOOS （スペキュロス）
チーズケーキ .... P. 084

SUCRE CASSONADE （カソナード）
コンフィチュール ダグリュム .... P. 026
バナナブレッド .... P. 032
クレーム ブリュレ ア ラ バナーヌ ... P. 076
チーズケーキ .... P. 084
ケーク アマンド エラーブル .... P. 106
タルト フロランティーヌ .... P. 128
M .... P. 150
スッシュ ドゥ ノエル .... P. 160
アムリッシュ .... P. 164

SUCRE D'ÉRABLE
（メープルシュガー）
ケーク アマンド エラーブル .... P. 106
M .... P. 150

SUCRE GLACE （粉糖）
マドレーヌ .... P. 034
シシリア .... P. 052
ボロネーズ オ カシス .... P. 068
サブレ ア ラ ノワ ドゥ ココ .... P. 090
ケーク オ シトロン .... P. 096
ソリエス .... P. 102
ケーク アマンド エラーブル .... P. 106
フェナンシェ オ ノワゼット .... P. 120
マカロン カカオ .... P. 136
M .... P. 150
ヴァニリエ .... P. 154
スッシュ ドゥ ノエル .... P. 160
アムリッシュ .... P. 164
パート シュクレ .... P. 176
クレーム ダマンド .... P. 177

T

THÉ EARL GREY
（アールグレイ茶葉）
ベージュ .... P. 146
スッシュ ドゥ ノエル .... P. 160

THYM （タイム）
スッシュ ドゥ ノエル .... P. 160

V

VANILLE
（バニラビーンズ／バニラエッセンス）
フラン ヴァニーユ .... P. 016
クレーム ブリュレ ア ラ バナーヌ ... P. 076
タタン ドール .... P. 080
サブレ ア ラ ノワ ドゥ ココ .... P. 090
ブラウニー .... P. 134
ヴァニリエ .... P. 154
カヌレ .... P. 158
クレーム パティシエール .... P. 170

Y

YUZU （ゆず）
パヴロヴァ エグゾティック .... P. 050
トンベ ダン レ ポム .... P. 086

GÂTEAUX

Glossaire
用語解説

フランス菓子のレシピで使われる、フランス語の製菓用語を解説しています。

A

ABAISSER（アベセ）
打ち粉をした台に生地をのせ、麺棒で目標の厚さになるまでのばす。

B

BAIN-MARIE（バン・マリ）
沸騰させた湯をはった大きなボウルに、材料を入れたボウルを浸して加熱する、湯煎という調理法。

BATTRE（バトル）
生地などを強く混ぜたり、攪拌したりして、粘度やかさを変化させる。

BEC D'OISEAU（ベック・ドワゾー）
卵白が十分に泡立てられているかどうかを見分ける目安。ホイッパーを持ち上げると、鳥のくちばしのようにピンとツノが立った形になればよい。

BEURRE DE TOURAGE（折り込みバター）
フイユタージュ生地を作るのに使うドライバター。扱いやすく、通常のバターよりも融点が高い。

BEURRE MANIÉ（ブール・マニエ）
バターと小麦粉やコーンフラワーを混ぜ合わせて、フイユタージュ生地を作る。

BEURRE NOISETTE（ブール・ノワゼット）
バター（無塩を含む）を軽く熱して、ヘーゼルナッツのような焦げ色をつけたもの。

BEURRE POMMADE（ブール・ポマード）
バターを柔らかくし、軟膏のような粘度にしたもの。

BLANCHIR（ブランシール）
卵黄と砂糖を混ぜて、ムースのようにふんわりとさせること。

C

CARAMEL（キャラメル）
砂糖を170〜180℃で加熱したもの。

CHEMINÉE（シュミネ）
生地を焼くときに蒸気を逃がすために開ける空気孔。

CHEMISER（シュミゼ）
型にバターを塗ったり、オーブンシートを敷いたり、打ち粉をしたりして、焼成後に型から外しやすくすること。

CHINOIS（シノワ）
不要なものやダマになった粉類をこす円錐形の調理器具。こし器。

CHIQUETER（シクテ）
包丁の切っ先でパイ生地などの縁部分に切り込みを入れて飾ること。

CLÉ（クレ）
成形したあと生地の縁をつなぎ合わせて閉じること。

COMPOTER（コンポテ）
果物などをゆっくりと煮込むこと。

COULER（クレ）
アパレイユなどを型に流し込むこと。

CRISTALLISATION（クリスタリザシオン）
チョコレートのテンパリング中に生じる結晶化。カカオバターの結晶が安定し、艶やかでサクッとした食感になる化学的な現象のこと。

CUIRE À BLANC（キュイール・ア・ブラン）
タルトの生地などの底にフォークで穴を開け、硫酸紙を敷いて重しを置き、ふくらまないようにしてから詰め物を入れずに焼くこと。空焼き。

CUL-DE-POULE（キュル・ド・プール）
混ぜたり、湯煎をしたりするときに使う非常に軽いステンレス製のボウル。

D

DÉGAZER（デガゼ）
生地を押しつぶして発酵で生じたガスや空気を抜き、生地のなかにムラなく細かい気泡を分散させる。

DEGRÉ BAUMÉ（ドゥグレ・ボーメ）
シロップの糖度を示す単位。（°b）

DÉTAILLER（デタイエ）
抜き型や包丁でのばした生地を切り取ること。

DÉTREMPE（デトランプ）
小麦粉と塩、水を混ぜて作るフイユタージュの生地のベース。

DORURE（ドリュール）
焼成時にこんがりとした焼き入れをつけるために塗る、卵をベースに作る液。

DRESSER（ドレッセ）
口金を装着した絞り袋に詰めたアパレイユやペーストを絞って形を作ること。

E

ÉMINCER（エマンセ）
薄切りにすること。

EMPREINTE（アンプラント）
フィナンシェやマドレーヌといった菓子の特別な形を作るための型。

ÉMULSIONNER（エミュルシオネ）
混ざりづらい材料を合わせること。乳化。

F

FAÇONNER (ファソネ)
手で生地の形を作ること。

FLEURER (フルレ)
小麦粉を作業台や生地自体に薄い層ができるようにふりかけて、生地にくっつかないようにすること。打ち粉。

FOISONNER (フワゾネ)
ホイッパーで強く、空気を含ませるように混ぜて、クリームやメレンゲなどを軽くすること。

FONCER (フォンセ)
タルトリングや型の内側に生地を敷き込むこと。

G

GANACHE (ガナッシュ)
溶かしたチョコレート、生クリーム、牛乳、柔らかくしたバターを混ぜ合わせたもの。菓子のフィリングとして使われる。

GARNIR (ガルニール)
生クリームやガナッシュを生地などに詰めること。

GLAÇAGE (グラサージュ)
菓子にコーティングのデコレーションをすること。

GLACER (グラセ)
シューの上部をフォンダンやグラサージュに浸すこと。

I

IMBIBER (アンビベ)
ビスキュイなどにシロップを染み込ませて、風味づけをしたり、柔らかくしたりすること。

INCORPORER (アンコルポレ)
材料を混ぜ合わせて全体が均一になるようにすること。

L

LISSER (リセ)
(1) 均一になじむまで混ぜること。
(2) パレットを使って表面をなめらかにして、艶をだすこと。

M

MACARONNER (マカロネ)
マカロンの生地をゴムべらでさっくり混ぜて、なめらかなコックを作ること。マカロナージュ。

MONTER (モンテ)
(1) 準備した部分を使って菓子を組み立てること。
(2) ホイッパーで混ぜ合わせて、ふんわりとさせること。

MOUSSEUX (ムスー)
アパレイユがホイッパーにつくくらい、ふわふわと泡立った状態。

N

NAPPAGE (ナパージュ)
タルトやアントルメに光沢を与えるために使われる材料。

NAPPER (ナペ)
菓子にナパージュやソース、ピュレ、クリームなどをムラなく塗って覆うこと。

P

PARER (パレ)
生地の縁を切ってきれいに整えること。

PÂTON (パトン)
切り分けていない生地のかたまり。

PÉTRIR (ペトリール)
生地などをフックを取りつけたスタンドミキサーで練ること。

PIQUER (ピケ)
フォークを使ってのばした生地に穴をあけること。

POCHER (ポシェ)
(1) クレーム・アングレーズを湯煎して、沸騰させないように加熱すること。ポーチ。
(2) 口金をつけた絞り袋に、生地やクリームや詰めて絞ること。

POUSSER (プッセ)
ベーキングパウダーや酵母の働きで生地をふくらませること。発酵。

R

RUBAN (リュバン)
十分にかき混ぜられ、もったりとしてきて、リボンのように流れて折り重なる状態。

S

SABLER (サブレ)
脂肪分と小麦粉を混ぜて、サラサラした砂のような生地を作ること。

T

TAMISER (タミゼ)
小麦粉や粉末をふるいにかけて、不純物を取り除き、なめらかにすること。

TEMPÉRAGE (タンペラージュ)
カカオバターを結晶化させる際におこなうプロセス。

TOURER (トゥレ)
生地にバターを三つ折りや四つ折りにして折り込むこと。

ZESTER (ゼステ)
柑橘類の皮を取り除くこと。

Parcours de Mori Yoshida
モリ ヨシダの軌跡

東京から3時間ほど離れた、静岡県の清水町にある和洋菓子店を営む家に吉田守秀は生まれた。父の仕事場で幼い頃から洋菓子と和菓子の両方に触れて育ち、家業を継いで菓子職人になるための環境がすべて揃っていた。

しかし、若き日の守秀は将来パティシエになりたいと思ってはいなかった。自分には、魚に含まれる脂質の種類を判別できる鋭い味覚や、季節の移ろいとともに少しずつ変わっていくいちごの香りに気づける嗅覚があるかもしれないとは考えていたものの、この味に対する高い感受性から高校卒業後の進路として東京の製菓学校を選んだわけではない。都会に住んでみたい。映画俳優になるという子どもの頃からの夢をつかめるかもしれないという気持ちがとにかく先に立っていた。当然ながら、家業を継いでパティシエになりたいという志をもって進学してきたクラスメイトたちのなかで、彼はいわゆる劣等生だった。製菓の勉強よりも、渋谷や原宿に出かけて洋服を買ったり、ファッションに夢中になったりする方が楽しかったのだ。パティシエの仕事なんて、つまらないという思いに囚われていた。ただ敷かれたレールの上を歩いているような気がしたのである。父親の菓子作りを手伝って、そのうち店を継ぐ。生まれ育った町で、平凡に暮らす……。フランスのシノンでのスタージュ実習でさえも夢中になれなかった。このとき、非常に恵まれた味覚をもちながら、のちに彼を魅了するあらゆるものを見過ごしてしまったのである。

いったいなにが、この無感動な青年を、いまの朝から晩までアトリエから離れないパティシエに変えたのだろう？　その答えは間違いなく、彼を常に突き動かす挑戦への欲求にあるだろう。

2000年　東京　パティシエとしてのデビュー

フランスでの研修を終え帰国した守秀は、パークハイアット東京で働くことになる。ホテルのパティシエのチームは、クープ・デュ・モンド・ドゥ・ラ・パティスリーという世界大会や権威のあるコンテストにも定期的に参加し、活気に溢れ、みなが切磋琢磨していた。毎日が本当に挑戦の日々だった。ホテル内の3つのレストランとブティック、宴会場のデザートと菓子をすべて作る。ブランチや特別注文も忘れてはいけない。厨房では誰もが多種多様な注文に応えるべく、忙しく動きまわっていた。トリュフのためのディナーで出すデザートを考えたり、和食の料理を美しく締めくくるケーキを作ったり、と。

毎日くたくたになるまで働いていたが、この時期は楽しい思い出しかない。チーフパティシエの横田シェフのそばで働きながら、この仕事について学んでいき、信頼していろいろ任せてもらえるようにもなった。彼は自分の天職を見つけられたと思った。横田シェフを師と仰ぎ、心から尊敬しているが、間違いなく、彼の菓子作りの哲学の原型もここにあるだろう。一人で働くよりもチームの一員として動け。自分自身の「創造性」のために作るのではなく、すべての人がおいしいと感じる味を追求する。守秀はここで「よいものとはなにか」を学んだのである。

2005年　静岡　初めてのパティスリー

守秀は、横田シェフが埼玉県で開業したパティスリーで働いていた。しかし、新たな挑戦となる出来事が起きた。体調を崩した父から連絡があり、静岡に帰って家業を継ぐ決意をしなければならなくなったのだ。そして2005年に「パティスリー・ナチュレ・ナチュール」をオープンした。だが、簡単にはうまく運ばないことがすぐにわかる。彼が得意としていた菓子は地方都市のパティスリーでそのまま出しても、なかなか受けいれられるものではなかったので、苦戦が続いた。自分の手でなんとかしなければと決意して、テレビ東京の番組「TVチャンピオン」の「全国ケーキ職人選手権」に出場。2006年、若干29歳だった彼の闘志に火がつき、7色の栗の層からなるモンブランで優勝した。放送翌日、店の前にはチャンピオンのケーキを買いたいという客が列をなした。次の日も同じように長蛇の列ができた。これが彼の人生の転機になった。

2008年　フランス　すべてを変えた発見

地元で有名なパティシエになるだけでは満足できなかった。かつてのように目の前に敷かれたレールが見えてしまったのだ。商業施設に2号店をもち、高級車を買って……また退屈になる。そんなとき、守秀は旅行でフランスを訪れ、そこで出会ったパティスリーの味に衝撃を受けた。なんてことだ！　小麦粉が日本の小麦粉と同じものとは思えない。バターの香りも違う。果物は豊かな風味が感じられる。なるほど、日本では湿度の高い気候によって、マカロンやパイ生地がしんなりしてしまうのか。この本場の味を知らないふりをして、「洋菓子」を作り続ける意味が果たしてあるのだろうか？　フランスに移り、ゼロから再出発してみたいという思いが浮かんできた。

2010年　パリにて

パリに来ると、さっそくフランス語の授業を受けながら、ギー・サヴォワの店で修行した。続けて、当時最先端の菓子を作っていた、ラ・パティスリー・デ・レーヴ、ショコラトリー・ジャック・ジュナンで働き、自分の店を出せる場所を探しはじめた。2010年、彼が選んだのは、フランス人の友人たちが勧めない地区。「人通りが少ない高級住宅街で、繁華街からも離れているし、賑やかなところではないよ」と言われた。だが、ここがいい、と彼は考えた。パリ7区には、おいしいものをよく知っているパリジャンたちが住んでいる。ここで認められることは、きっと、フランスのおいしいパティスリーとして認知される道につながるだろう。そして2013年、ついに彼の夢がかない、ブルトゥイユ通り65番地にパティスリー「MORI YOSHIDA」がオープンした。シンプルで洗練された店。守秀は才能を遺憾なく発揮し、フランス菓子の定番レパートリーで人々の心をつかむ。そして、こののちに彼の直感が正しかったことがわかる。

2018年　メイユール・パティシエ・プロフェッショネル

どうしたら、無名の日本人パティシエのパティスリー──しかも、パリの住宅地にある──を知ってもらえるだろうか？　この逆境で考えついた結果、人生で二度目の挑戦をする。「ル・メイユール・パティシエ〜レ・プロフェッショネル」という人気テレビ番組の菓子コンクールに、彼のパティシエ仲間であり、COMPARTIR VALOR と motomachi cake のオーナーシェフの大西達也氏、MORI YOSHIDA のスーシェフの萬あ

かね氏を誘って参加した。審査員はピエール・エルメ、フィリップ・コンティチーニ、シリル・リニャック。フランスで、フランスの小麦粉とバターに親しんで育ってきたフランス人の挑戦者たちとの勝負。しかし、彼はこの新しいチャレンジに怖気づくどころか、ものともしなかった。結果は知っての通り。2018年、2019年と優勝し、最高のプロパティシエのタイトルを獲得した。そして、またたくまに彼の店は有名になった。

2022年　受け継ぎ、伝える

今日、MORI YOSHIDA は、フランス菓子のクラシックな定番レパートリーにおいて才能を発揮するシェフパティシエとして、ゆるぎない評価を得ている。こうしてキャリアをたどると、非の打ち所のない「サクセスストーリー」のように見えるが、守秀は慌てて、そんなことはないと否定する。自嘲気味に、何も売れなかった長い「暗黒時代」があったと振り返る。しかしそんな日々の中で、ひしひしと感じていた「日本風のフランス菓子」だけを作っていればいいのではないかというプレッシャーに、決して屈することはなかった。ここで妥協をするのなら、なぜフランスに来たのか？　日本にいればよかったのだ。

彼にとって成功は、なすこと自体に意味があるのではなく、自分の声を伝えるために必要なプロセスだった。そしてこれからも、伝統的なフランス菓子を愛しながら、自分の菓子を探し続けたいと言う。数学者の表現を借りるならば、フランス菓子の「美しい公式」を見つけること。数学の公式のように、菓子を構成する味、香り、食感の美しいバランスを探求したい。そのためには、メディアに出ることは不可欠だった。外国人だから、どうせフランス菓子の真髄には到達できないだろうと言われたくなかった。日本出身のパティシエだからこそ、まず、その文化で受け継がれてきた菓子の本物の味を伝えたいと思っている。

本書は守秀にとって人生で4度目の挑戦となる。フランス菓子への愛と情熱の結晶であるレシピを集めている。ここに書かれた菓子のレシピは、「今」の時点で自分がベストだと思えるものだが、これで完成だとは思っていない。フランス菓子の探求に終わりはない。彼は今日も、早朝から仕事場に向かい、生地を練り、チョコレートのテンパリングを行い、クロワッサンを仕込む。怠ることはない。この積み重ねこそがパティシエの仕事の本質だと信じている。

GÂTEAUX

Remerciements

すべてはジュリー・マチューとミュリエル・タランディエに、
仕事の軌跡を形に残したいと相談を持ちかけたところから始まりました。
私の話に耳を傾け、いくつもの貴重な助言をくれたことに心からの感謝を申し上げます。

こんなにも素晴らしいチームに恵まれていなかったら、
私が菓子作りにおいて大切にしていることすべてを1冊の本にするなんてできなかったでしょう。
みんなのおかげで、いつも目指すものの《一歩先》へ歩んでいけます。

届いた本の仕上がりは期待をはるかに超えたもので、
喜びと感謝の気持ちで胸がいっぱいになりました。
みなで力をあわせて生みだしたこの本によって、
世界中の菓子がもっとおいしくなることを願っています。

本書の出版に協力してくださった方々に深くお礼を申し上げます。

ジュリー・マチュー、ミュリエル・タランディエ、関口涼子、エマニュエル・ル・ヴァロワ、
ブノワ・ベルジェ、キャロリーヌ・ファッチオーリ、ファリス・イッサド、ウージェニー・ポン、
サビーヌ・ウプラン、エロディ・ランボー、萬あかね、渡邊恵美子

MORI YOSHIDA PARISのチーム

CHÊNEの編集チーム

吉田優美、杏菜、有吾、レオン
吉田博夫、吉田初代、外谷烝示、外谷則子、吉田さと、吉田久衛、吉田健一、吉田端樹、佐藤大輔

横田秀夫
ピエール・エルメ

野島茂
大西達也
朝倉雅文

まわりで支えてくださった方々のおかげで、今の私があります。
最後になりましたが、あらためて、すべての方々に感謝を申し上げます。
これからも、より高みを目指しながら、よりおいしい菓子をつくり続けていきます。

吉田守秀

MORI YOSHIDA モリヨシダ

吉田守秀／MORIHIDE YOSHIDA

1977年、静岡県生まれ。
パークハイアット東京、菓子工房オークウッドを経て、2005年、ナチュレナチュールをオープン。
2006年、2007年、テレビ東京「ＴＶチャンピオン２『ケーキ職人選手権』」２連覇。
2013年、パリ７区にMORI YOSHIDAをオープン。
2014年、サロンデュショコラC.C.C.にて "Award du Chocolatier Etranger en France"受賞。2018年に平成30年度日本国外務大臣表彰を受賞。
2018年、2019年、フランスのテレビ番組「LE MEILLEUR PÂTISSIER LES PROFESSIONNELS」にMAISON MORI YOSHIDAのリーダーとして出場し、２年連続優勝。現在もパリに拠点を置きつつ、世界の菓子をよりおいしくするべく邁進中。

Mori Yoshida Gâteaux モリヨシダの菓子

2024年12月12日　　第1刷発行

著　者	吉田 守秀
写　真	キャロリーヌ・ファッチオーリ
企画協力	ジュリー・マチュー／ミュリエル・タランディエ
執筆協力	関口 涼子
翻　訳	岡野 佳
ブックデザイン	二ノ宮 匡（nixinc）
ＤＴＰ	浅水 愛
校　正	みね工房
編　集	岡野 桂／池田 裕美
発 行 人	泉 勝彦
発 行 所	株式会社オレンジページ

〒108-8357
東京都港区三田1-4-28 三田国際ビル
電話／ご意見ダイヤル　03-3456-6672
書店専用ダイヤル　　048-812-8755

印刷・製本　　TOPPANクロレ株式会社

Japanese Translation Copyright
©ORANGEPAGE 2024, Printed in Japan
ISBN　978-4-86593-689-6
https://www.orangepage.net

●定価はカバーに表示してあります。
●本書の全部または一部を無断で流用・転載・複写・複製することは著作権法上の例外を除き、禁じられています。また、本書の全部または一部を写真撮影・スキャン・キャプチャーなどにより、無断でネット上に公開したり、SNSやブログにアップしたりすることは法律で禁止されています。
●落丁、乱丁が万一ございましたら、小社販売部（048-812-8755）あてにご連絡ください。送料小社負担でお取り替えいたします。